U0514686

金苑文库
浙江金融职业学院中国特色高水平高职学校建设系列成果
浙江省省属高校基本科研业务费项目资金资助（2022ZD06）

"1＋X"证书制度背景下高职财会类专业人才培养改革与实践

雷　舰　著

中国财经出版传媒集团
经济科学出版社
Economic Science Press

图书在版编目（CIP）数据

“1 + X”证书制度背景下高职财会类专业人才培养改革与实践/雷舰著. --北京：经济科学出版社，2023.6

ISBN 978 - 7 - 5218 - 4659 - 1

Ⅰ.①1…　Ⅱ.①雷…　Ⅲ.①高等职业教育 - 财务会计 - 人才培养 - 教学研究　Ⅳ.①F275 - 40

中国国家版本馆 CIP 数据核字（2023）第 055238 号

责任编辑：赵泽蓬　罗　苟
责任校对：王苗苗
责任印制：邱　天

“1 + X”证书制度背景下高职财会类专业人才培养改革与实践

雷　舰　著

经济科学出版社出版、发行　新华书店经销

社址：北京市海淀区阜成路甲 28 号　邮编：100142

总编部电话：010 - 88191217　发行部电话：010 - 88191522

网址：www. esp. com. cn

电子邮箱：esp@ esp. com. cn

天猫网店：经济科学出版社旗舰店

网址：http：//jjkxcbs. tmall. com

固安华明印业有限公司印装

710 × 1000　16 开　15. 25 印张　200000 字

2023 年 6 月第 1 版　2023 年 6 月第 1 次印刷

ISBN 978 - 7 - 5218 - 4659 - 1　定价：68. 00 元

（图书出现印装问题，本社负责调换。电话：010 - 88191545）
（版权所有　侵权必究　打击盗版　举报热线：010 - 88191661

QQ：2242791300　营销中心电话：010 - 88191537

电子邮箱：dbts@ esp. com. cn）

目 录
CONTENTS

第一章

引　言

第一节 研究背景

《国家职业教育改革实施方案》（以下简称“职教 20 条”）提出，从 2019 年开始在职业院校、应用型本科高校启动“学历证书 + 若干职业技能等级证书”制度（“1 + X”证书制度）试点工作，这是党中央国务院对职业教育改革作出的重要部署，是落实立德树人根本任务、完善职业教育和培训体系、深化产教融合校企合作的重要制度设计创新。“1 + X”证书制度是国家职业教育制度建设的一项基本制度，也是构建中国特色职教发展模式的一项重大制度创新，“1 + X”证书制度的实施，必将助推职业院校改革走向深入。

随着人工智能、财务机器人、财务共享中心、大数据和区块链技术的飞速发展，财会类专业人才培养受到了严峻的挑战，学者和业界关于会计是否将被人工智能取代众说纷纭，而“1 + X”

证书制度的落地对高职财会类专业改革又带来了新的挑战。财会类专业如何应对新技术环境和新制度环境的变化成为摆在各高校财会类专业面前一个亟须解决的问题，专业甚至可能面临“等则死变则生”的尴尬境地，在新技术环境和新制度环境的双环境影响下，高职财会类专业人才培养方案变革势在必行。

第二节 研究意义

一、“1+X”证书制度有助于财会类职业教育形成多元办学格局

“1+X”证书制度的实施将有利于进一步完善财会类职业教育与培训体系，促进职业院校坚持学历教育与培训并举，深化人才培养模式和评价模式改革，从而更好地服务经济社会发展。同时，能够激发社会力量参与职业教育的内生动力，充分调动社会力量举办职业教育的积极性，有利于推进产教融合、校企合作育人机制的不断丰富和完善，形成职业教育的多元办学格局。

二、“1+X”证书制度有助于提高财会类专业职业教育适应

“1+X”证书制度将学历证书与财会类相关职业技能等级证书、职业技能等级标准与专业教学标准、培训内容与专业教学内

容、技能考核与课程考试统筹评价，有利于院校及时将新技术、新工艺、新规范、新要求融入人才培养过程，倒逼院校主动适应科技发展新趋势和就业市场新需求，不断深化“三教”改革，提高职业教育适应经济社会发展需求的能力。

三、“1＋X”证书制度有利于科学评价财会类专业的办学质量

“1＋X”证书制度是我国职业教育发展史上的一次探索和尝试，启动“1＋X”证书制度既是深化复合型技术技能人才培养模式改革、提高人才培养质量的重要举措，也是拓展学生就业创业本领、缓解结构性就业矛盾的重要途径，对推进教育现代化、建设人力资源强国具有重要意义。高职财会类专业推进实施“1＋X”证书制度对于提升财会类专业毕业生人才培养质量，提升高职财经类院校办学质量具有重要的意义。

四、“1＋X”证书制度有利于现行办学模式和教育教学管理模式转变

“1＋X”证书制度必将带来教育教学管理模式的变革，模块化教学、学分制、弹性学制这些灵活的学习制度和教学管理制度必将在试点工作中涌现出来，这些新的变化必将给职业教育现行办学模式和教育教学管理模式带来重大挑战和严重冲击。如何应对“1＋X”证书制度带来的影响，是摆在职教院校面前的重大课题。

第三节 国内外研究现状

一、国内研究现状

（1）“1＋X”证书制度理论研究。

谢景伟（2019）研究了“1＋X”证书制度对职业教育未来发展的价值，认为“1＋X”证书制度的实质和核心在于创新了职业教育的人才培养模式，培养复合技术技能型人才，构建“1”与“X”的学分认定制度作为“1＋X”证书制度实施的基础。刘阳、高树平（2019）对“1＋X”证书制度的价值意蕴和理论基础进行了研究，认为“1＋X”证书制度的实施不仅会推动职业院校开展复合技术技能型人才的培养和创新，同时将革新学校复合技术技能型人才的评价模式及评价制度。“1”与“X”是职业教育理论学习与职业实践活动的有机融合，两者互为补充，使学生在获证的过程中，既能学习到理论知识，也落实了实际操作的实践能力，提高了就业能力和创新创业意识。覃川（2020）认为“1＋X”证书制度为推动高等职业教育以及高等职业教育院校的内涵式发展提供了契机，要提升教师教学的能力、创新多重教育方法和渠道，提高职业教育学校对于“1＋X”证书制度的理解能力以及实施能力，推进学分银行等配套制度的改革和建设，才能更好地服务于“1＋X”证书制度的试点工作。林溪（2022）认为“1＋X”证书制度下，高职院校要构建科学、完善的增值评价体系，需要组建共同体，体现评价主体协同性；重塑价值观，突出评价理念科学性；革新动力源，彰显评价方法多元性；探索框架图，凸显评价内容全面性。张培、夏海鹰（2022）围绕如何有效克服横亘于校企合作、产教融合之间的“中间地带”这一关键障碍，从社会分工、制度经济学视角阐述了“1 + X”证书制度的理论基础，认为“1 + X”证书制度并不是孤立的，而是《国家职业教育改革实施方案》一揽子制度设计中的有机组成部分，既是对多年职业教育人才培养创新探索实践的经验总结，也是破解人才培养过程中难题的有效策略设计。在我国经济新常态和高质量发展的时代背景下，此举更加强调职业教育改革要适应产业发展需要并实现更加充分的就业，减少结构性失业的压力。从这个意义上看，这项制度必将实现两个重大目标：一是围绕国家需要、市场需求、学生就业能力提升需要，培养大批高素质复合型技术技能人才，解决职业教育人才培养供给侧和产业需求侧的重大结构性矛盾，全面提升我国劳动力市场有效供给能力；二是围绕技术技能人才培养高地和技术技能创新服务平台，打造多元主体，开展协同合作创新，形成校企命运共同体，有效服务于技术研发和产品升级，全面提升我国产业结构转型升级和高质量发展能力。“1 + X”证书制度将促发职业教育的转型升级，构建中国特色高水平职业教育人才培养体系，进而构建由“三元三翼三维一核心”等要素构成的动态平衡三角关系逻辑框架。

（2）“1 + X”证书制度试点工作实践的研究。

杨堆元（2019）认为“X”证书的考核获证标准应该与国家技术技能人才的培养标准相统一，培训评价组织作为职业资格等级证书的培训颁证机构，要严格制定“X”证书的考核过程和方案，选择优秀的教师和优质的培训资源，按照相关规章制度制定“X”证书试点工作中的考核流程方式，推动试点工作进行。程舒通（2019）认为要规范培训评价组织的选配工作，优中择优，合理制定职业技能等级证书。要求政府完善“1＋X”证书制度的相关配套保障制度建设，探索建立职业教育国家学分银行，并将“1＋X”证书标准纳入专业人才培养培训标准，在校内要加强教师培训。赵坚（2019）认为需要相关教育行政管理部门、职业院校以及学生和社会大众等职业教育参与主体，对“1＋X”证书制度的内涵、意义及其价值有一定的基础认识，进一步完善相关法律法规建设，通过教育行政部门的统筹和协调，为“1＋X”证书制度试点工作的开展创造良好实施环境。要在深刻认识“1＋X”证书制度试点工作重要意义的基础上，科学把握“1＋X”证书制度试点工作的实施要点，推进“1＋X”证书制度的试点实践。孔德兰、李娇阳（2021）认为在试点内部治理中存在配套管理制度不完备、激励保障机制较缺乏、质效评价机制不完善、弹性治理机制待构建等主要问题。基于此，以全面提升高职院校“1＋X”证书制度试点内部治理绩效为目标，高职院校可从六个方面试点内部治理实践路径：建章立制、多方协同、质量督导、育训相融、弹性治理、成果导向。其中，重点突出加强内部弹性治理，对应专业群构建试点“证书群”，推进试点证书生态联结。散小燕（2021）认为开发新型活页式教材是“1＋X”证书制度下高职院校实施“三教”改革进行教材建设的重要任务。新型活页式教材内容新、形式新、结构关联性新，具有彰显学生主体地位、满足教材内容动态更新的教育价值。文章借助认识心理学，以专业技术和技能等级为核心对活页式教材进行整体设计，同时对教学单元结构、教学元素进行微观设计，为“1+X”证书制度下高职教材的开发提供了有益的借鉴。蒋贵琴、何培芬（2021）针对目前高职人才培养质量无法满足企业岗位（群）人才需求的现实问题，结合“1+X”技能等级证书标准，提出在校企合作中进行高职课程混合式课堂教学设计，并在教学中进行实践。以真实产教融合平台为依托，侧重培养学生相关岗位（群）的价值引领、个人诉求、人际沟通与社会认知等核心素养与能力。应用研究表明，“1+X”证书制度下高职课程混合式教学设计对培养学生的知识与技能、团队合作与沟通、工匠精神等方面有明显的促进作用。刘惠娟、宋新硕、邓华（2022）认为教师队伍建设是高职院校改革与发展的关键任务。为全面发展类型教育，落实“1+X”证书制度，《国家职业教育改革实施方案》对高职院校教师队伍建设赋予了更新职业教育观念引领职业教育改革发展、增强理实结合能力支撑技术技能人才培养、完备书证融通本领推动学习成果衔接互认等新的时代价值。然而，目前高职院校教师队伍的整体建设仍存在规模性需求与供给失衡、合理性诉求与结构失衡、复合型要求与能力失衡、发展性追求与考评失衡等现实矛盾。因此，“1+X”证书制度下高职院校更要在激活增量、盘活存量、优化质量和灵活考量等方面探索教师队伍建设的实践方向。

（3）“1+X”证书制度实践困境的研究。

李虔（2019）提到需要将证书制度建设工作与学分银行建设相联系，有助于两者的共同建设和运行。他建议将现存证书适当增减，加大院校的实施力度，紧密校企合作、产教融合，通过完善“1 + X”证书制度的实施配套制度建设，集中各参与主体的力量等方式，调动其建设的积极性。黄娥（2020）认为“1 + X”证书制度实施的现实困境在于缺乏与现阶段社会发展相适应的政策环境，同时，由于受我国“学而优则仕”传统文化的长期影响，教育理念多以培养社会精英为主，导致人们对职业教育与普通教育的认识产生偏差，认为两者有优次的区别，职业教育社会地位依旧低下。宋迎春、段向云和吕秋慧（2021）认为“1 + X”证书制度在实施过程中存在组织间联动异步、组织内部信息不对称、信息管理服务平台流程多、教师实践能力缺位、学生考证动力不足等问题。针对这些问题，可通过组织间建立合作共赢机制，强化组织内部人员配备与服务提升，优化管理服务平台的性能，多管齐下提高“双师型”教师实践能力，提升学生考证驱动力等策略来层层化解。张国民（2022）认为“1 + X”证书制度作为一项体现新时代职业教育类型特征的制度创新，在职业教育实现“三个面向”的过程中，起着增强就业教育功能、强化实践教育特征、助推终身职教体系构建的作用。该制度在推进过程中主要面临证书含金量受质疑、教学资源要素支撑不足、与学分银行关联标准缺失等现实困难。为保证“1 + X”证书制度高质量落地实施，在运行过程中，“1 + X”证书制度需要在质量保障机制构建、教学资源要素建设、学分银行关联标准制定等方面有所突破。

二、国外研究现状

（1）职业证书研究。

泰国学者康克里特（Komkrit Chookhom，2016）用拥有等级职业证书的学生进行了随机实验，实验证明拥有创造性的思维能有效提高学生解决问题、发现问题的能力。由此可见，在泰国职业证书存在分级之说，并且他认为职业教育人才培养必须注重学生发现、解决问题能力的培养，应适当加入能力考核。伊克巴尔（Iqbal M. KHAN，2014）认为在不同的环境下对职业人员进行职前培训是有必要的，同时可运用大数据的手段进行归纳总结，并且他认为职业教育与国家经济发展之间有很深的关联，因此国家需要就教育环境制定相应的教育政策来推动国家经济的进步与发展。德国学者塞尔达（Selda GEYiK YILDIRIM，2014）认为针对不同地区的职业教育侧重点应该有所不同，在文章中他尝试研究产生区域问题的主要因素及影响这些因素的原因，并提出其原因可能是职业课程设置的无科学性或老师表达方式不当等，造成学生不能很好地掌握职业知识，应适当增加相应的实践操作课程和考核。

（2）资历框架研究。

颜丽红、张力和尹海涛（2017）在《新西兰和澳大利亚资历框架的比较与启示》中对两个较早推行资历框架制度的国家——新西兰和澳大利亚展开了对比研究，分析这两个国家资历框架制度的发展背景、管理机制和具体实施，并提出了对我国国家资历框架构建上的启示。郭宏伟（2017）在其硕士论文《丹麦国家资格框架体系研究》一文中对丹麦国家资格框架（DKNQF）的形成、演进特点、体系构架和具体实施进行了非常细致的论述，他认为丹麦国家资格框架的构建对丹麦教育界的普职融通、人才自由流动提供了很好的环境。沈宇、陶红（2020）在《我国国家资历框架建设：内涵、价值、难点及路径》中提到资历框架是一系列关于资历的分级标准和结构体系所构成的总体框架。郑炜君、王顶明和王立生（2020）在《国家资历框架内涵研究——基于多个国家和地区资历框架文本的分析》中提出国家资历框架的实施可以提高社会对资历的信任度，带动教育培训部门与劳动力市场的衔接，提高“育人”与“用人”的匹配度，帮助更多人群获得学习和晋升的机会，促进人才的全球性流动。劳赐铭（2021）通过调研发现，企事业单位的工作人员存在对国家资历框架知晓度不高、对现有学历和职称的认同度偏低等问题。在分析思想观念障碍、利益冲突障碍和制度障碍的基础上，结合我国实际，提出我国国家资历框架建设的路径：形成适合现实需求的目标，通过投入导向和结果导向保障质量，实现借鉴与自主相结合，构建协同治理制度。赵倩（2021）通过结构分析和内容分析，提出资历框架与“1＋X”证书制度存在耦合关系，体现为资历框架的阶梯形成长支持与职业技能等级证书层次性表达在形式上的趋同，资历框架的统摄性与职业技能等级证书的广泛性趋同，资历框架对教育的系统性影响与职业技能等级证书对职业教育的影响趋同。为了促进这种耦合效应的发挥，需要以行业能力标准为内核的相关性构建模式、以能力单位为迁移的局部性构建模式、以标准传导的控制性构建模式，以标记为依据的影响性构建模式等耦合模式，优化人才培养体系并且推进学习型社会的构建。程舒通、徐从富（2021）介绍了资历框架的实质与进展、“1＋X”证书制度的实质与试点工作进展，从四个方面梳理了资历框架与“1＋X”证书制度的关联关系。如两者均为国家标准、存在包含与被包含的关系、资历框架有助于实现书证衔接融通、“1＋X”证书制度对资历框架建设起到促进作用等。同时还指出资历框架建设推进“1+X”证书制度工作的原因，并从强化顶层设计、深化教育改革两大方面提出具体的推进举措。程舒通（2021）提出在国家资历框架建设面临多重挑战而进展缓慢的背景下，推进构建职业教育资历框架既是一种可行路径，也是一种必然趋势。构建职业教育资历框架，在我国具有四个方面的潜在优势，包括：职业教育与企业及工作岗位联系紧密；现阶段的职业教育改革符合国家资历框架建设需求；职业教育资历框架教育形式单一，可操作性比较强；职业教育更容易接受培训成果，尤其是技能培训成果。构建职业教育资历框架建设，应重点从五个方面着手推进，包括：完善支撑资历框架的法律条文；构建框架的管理机构与质保体系；建立认证平台并推进学习成果的互认；完善资历成果的积累途径；科学规划资历的维度和等级并规范学校专业标准。于倩（2022）提出国家资历框架是一个国家搭建终身学习“立交桥”的基本制度体系。以国家资历框架为基准，建立学习成果认证与转换的标准体系，是区域性学分银行制度建设的重心与实施的依据。研究分析具有代表性的学分银行制度及其标准建设的先进经验可知，区域性学分银行标准体系构建的重点是基于国家资历框架顶层设计，在地方行业能力标准、认证能力单元、书证融通课程体系、先前学习成果认证、数字化资历名册、质量保证与评价等方面，探索具体的学习成果转换路径。

（3）研究述评。

国内学者认为“1+X”证书制度对于目前我国的高等职业教育发展具有重要意义，它不但对传统的高职教育模式进行了改革，对于新时代我国人才标准也提出了新的要求，“1+X”证书制度的出现为我国高职教育改革带来了契机，学者们从多方面对

“1 + X”证书制度进行深入研究，为职业教育院校正在进行的“1 + X”证书制度试点工作积累了很多实用的建议。

国外学者们针对本国证书制度或资历框架的研究，对于我国目前新制度的实施也具有一定借鉴意义。目前我国正处于社会转型的关键时期，为了加深对于“1 + X”证书制度的研究，我们需要进一步探究其价值、明白其运行的逻辑，只有深刻的了解“1 + X”证书制度的演变逻辑、价值内涵，把握其运行的规律，才能更好地为“1 + X”试点工作的落实出谋划策，更新职业教育模式，接轨国际职业人才标准，解决结构性就业矛盾，助力我国经济转型升级。

第四节 研究内容

一、解构与重构高职财会类专业人才培养模式

原有财会类专业的人才培养模式强调毕业要取得毕业证与职业资格证（初级会计资格证），整个人才培养体系主要围绕双证展开，当前随着“1 + X”证书制度的执行，人才培养模式有必要进行重构，新的人才培养模式将在原有人才模式基础上进行升级优化，要将相关职业技能能力培训内容及要求有机融入专业的培养方案，解构原有的专业课程体系和教学内容，重构基于能力培养的模块化课程体系和教学内容，探索学历教育的课程、师资、资源与职业技能培训课程、师资、资源的有效融通，推进学

历证书和职业技能等级证书有机衔接，探索实施学分银行，建立学分认定、积累机制。

二、在现有教学资源基础上探索构建书证融通教学资源体系

与行业企业共同研讨，校企共建对标相关职业技能等级证书的模块化课程；基于“1+X”职业技能等级证书从知识、技能、态度、实操四个维度综合设计实施方案和考核模式，整合学校和企业的优质资源，系统化开发基于“1+X”职业技能等级证书的技能学习和培训的四维教学培训资源。

三、基于财会类相关职业技能等级证重构教材体系与教法模式

“X”证书的职业技能培训不是要独立于专业教学之外再设计一套培养培训体系和课程体系，而是要将其培训内容有机融入学历教育专业人才培养方案，专业课程能涵盖“X”证书职业技能培训内容的，不再单独另设“X”证书培训；专业课程未涵盖的培训内容，则通过职业技能培训模块加以补充、强化和拓展，所以需要对现有教材体系进行重构；由于“X”证书培训内容与学历教育的专业课程有机融合，因此，“X”证书培训和专业教学可以统筹安排，从而实现“X”证书培训与专业教学过程的一体化。为此，教学模式必然需要作出相应的改变。

四、建立满足“1+X”职业技能等级证书的融合型教师队伍

开展“1+X”证书制度试点，需要一支能够准确把握“1+X”证书制度先进理念、深入研究职业技能等级标准、做好专业教学整体设计，满足新技术、新技能培养培训需求的教学创新团队。如何引导高职教师转变思想，树立教学与培训并重的观念，打造一支在教学中融入培训、培训中提高教学质量的创新团队，是当前面临的主要难点之一。当前高职院校的师资队伍结构尚不能完全满足“1+X”证书制度的有效需求，所以探索建立满足“1+X”职业等级证书的融合型师资队伍制度具有重要意义。

五、制定基于财会类相关职业技能等级证书的人才评价体系

“X”证书涉及多个主体，关系到谁发证、谁鉴定、谁培训、谁监督、谁认可。职业院校作为实施主体，应结合“1+X”证书制度，积极开展适合自身专业的人才评价，按照专业课程体系、课程标准制定、师资队伍建设对接职业技能等级证书鉴定标准的要求，建立学生学业考核评价与职业技能等级鉴定之间的对等关系，并开展职业教育与职业培训。

六、完善相关配套建设

“1+X”证书制度的推进需要有完善的配套设施，配套建设

是指试点工作开展中保障教学、管理正常运行的硬件基础设施（实训实践场所）以及相应的管理制度、文化建设等。职业技能培训对设备的要求，与教学环境会存在差异。如果将培训场所设置在学校实训室中，就要考虑设备的改造与升级，需要兼顾培训和教学两方面的要求。

第五节 研究方法

一、文献研究法

主要通过搜集和分析研究各种现存的相关文献资料，包括法律、法规等政策性文献资料和其他历史文献，从中选取与研究主题相关的文献，进而实现某种研究目的。通过检索、收集、鉴别国内外大量的学术论文、相关著作以及政策文献等，了解当下研究的最新进展和趋势，并进行阅读、整理、归纳、分析，以求对相关研究问题有更加清晰的认识。

二、专家访谈法

访谈相关职业院校教育专家，对象包括高职院校相关专家、“X”证书评价机构等，以获取大量关于财会类职业技能等级标准方面的深刻见解，为制定人才培养方案提供理论基础。

三、问卷调查法

针对企业设计问卷，从整体上把握行业、企业的人才需求，并在此基础上分析财会类专业相关职业技能等级标准，根据分析汇总的结果进一步明确人才培养目标和规格，为课程配置和优化课程体系提供思路。

四、比较研究法

在总结我国高职院校产教融合发展历程的基础上，从目标制定、法律体系、制度体系、政校企作用等方面进行中外对比分析，探讨诸如德国的“双元制”模式、英国的“三明治”模式、美国的“CBE”模式、日本的产学融合模式、澳大利亚的“TAFE”模式等发达国家高职院校产教融合发展模式的成功经验与发展规律。由于各国政治、经济、文化以及教育传统的差异，决定了我国与部分发达国家高职院校产教融合发展模式必然同中有异。因此应在总结这些发达国家高职院校产教融合发展经验的基础上，依据国情、区情、校情，探讨构建各具特色的高职院校产教融合发展范式。

第二章

相关概念理论及“X”证书发展现状及存在问题

第一节 相关概念

一、高等职业教育

高等职业教育涵盖“高等”与“职业教育”两个概念，按照联合国教科文组织关于《国际教育标准分类》中的定义，高等职业教育是以培养实践型、技术型和职业专门化的人才为宗旨。可从两个角度对其进行解析：第一，它是高等教育体系中不可或缺的组成部分，承担着为生产、建设、管理、服务第一线培养高端技能型专业人才的任务；第二，它也是职业教育体系中的高层次职业教育，承担着培养专门的高素质高技能型人才的任务。职业教育具有职业性、社会性、大众性、实践性和终生性的属性。

（1）职业性是高等职业教育区别于普通高等教育的基本属性。高等职业教育以就业为导向，以培养高素质技能型人才为主，并注重职业能力的培养。

（2）社会性是指教育作为培养人的一种社会活动，强调以人为本，以服务社会主义现代化为宗旨，具有社会性。职业教育的发展规模、结构、速度等既受到社会需求的影响，又反过来影响社会的发展。

（3）大众性是指公民在岗前或岗后都有接受职业教育的权利，具有普及性。职业教育是面向大众，面向社会的教育，是发达国家职业教育发展的共同之处。目前，高等职业教育在高等教育大众化进程中充当了主力军的角色，更加凸显了其大众化。

（4）实践性是指高等职业教育面向企业、面向生产，以培养应用型的专业技术人才为主，这也决定了教学必须注重实践操作能力的培养。在教学中不仅包括相应的理论教学，还包括大量的实习和实训。职业教育的实践性呼唤“双师型”教师，将书本知识转化为技能和技术，在教育教学中将理论与实践紧密结合，提高学生的实际操作能力。

（5）终生性职业教育贯穿于人的一生。只有不断接受职业教育，才能与时俱进，掌握先进的技术，从而具备胜任工作岗位所需的能力，更好地就业与择业。

二、“1＋X”证书制度

2019年4月，教育部启动了“1＋X”证书制度试点工作。试点方案中，“1”与“X”的关系是相对独立又互为一体的。相互独立指的是“1 + X”不是一个证书，而是两种证书的结合。“1”是指学历证书，“X”是多个技能等级证书。互为一体意味着“1 + X”是一个完整的整体，有统一的教育目标，“1”和“X”是不可分割的。“1”是根本，具有揭示事物本质的同等作用，解决的是德、智、体、美、劳全面发展，包括理论知识与技能知识的学习，为学生进一步发展打下牢固的基础，为学生的技能发展提供理论支持；“X”是补充，具有促进学生技能提升的作用，丰富学生的知识，拓宽学生的视野，增强技能水平。

当前，“1 + X”证书制度的实施主体主要以各类高校为主，包括三个层次：分别为中等职业学校（简称“中职”）、高等职业学校（简称“高职”）与应用技术型本科院校，每一个层级的院校将学历文凭进一步细分为毕业证书、学业证书和肄业证书，同时将职业技能等级证书根据技能水平的高低分设初、中、高三个等级。“1 + X”证书制度将学历文凭层级与“X”证书层级进行有效融合，构建出纵向多层递进的教育框架。

“1 + X”证书制度以学生为主体，坚持深化技能培训和联合评价等多种模式的综合改革，支持并鼓励职业本科学校积极参与，同时也鼓励应用型本科大学、高等职业院校和职业教育中本科层次教育学校参与其中。国家教育改革方案的全面实施，促进了产教融合和校企合作，实现了专业知识与职业岗位无缝对接，有效解决了技术技能人才供给不足的问题。

三、人才培养

人才培养是指对人才进行教育、培训的过程。被选拔的人才一般都需要经过培养训练，才能成为各种职业和岗位要求的专门人才，教育教学改革的根本目的就是提高人才培养质量。人才培养质量有两种评价尺度，一种是学校内部的评价尺度，另一种是学校外部的评价尺度，即社会的评价尺度。社会对高等学校人才培养质量的评价，主要是以高等教育的外显质量特征即高等学校毕业生的质量作为评价依据，而对高等学校内部的教育教学活动不太关注；社会对毕业生质量的整体评价，主要是评价毕业生群体能否很好地适应国家、社会、市场的需求。学校对人才培养质量的评价，主要是以高等教育的内部质量特征作为评价依据，即评价学校培养出来的学生，在整体上是否达到学校规定的专业培养目标要求以及学校人才培养质量与培养目标是否相符。因此，高等学校提高人才培养质量，就是提高人才培养对社会的适应程度，提高人才培养与培养目标的契合程度。

人才培养质量，既要接受学校自身对高等教育内部质量特征的评价，又要接受社会对高等教育外显质量特征的评价，因此，以提高人才培养质量为核心的高等学校人才培养模式改革，必须遵循教育的外部关系规律与教育的内部关系规律。教育的外部关系规律，即教育同社会关系的规律，潘懋元先生曾指出，“教育必须与社会发展相适应”，加以引申即可表述为，“教育必须受一定的社会经济、政治、文化所制约，并为一定的社会经济、政治、文化发展服务”。所以，当人才培养不能很好地适应社会的需要，即不能很好地为社会经济、政治、文化发展服务时，必须对现行的人才培养模式进行改革。教育的内部关系规律，即教育自身的规律，按照潘懋元先生的表述即为“社会主义教育，必须培养全面发展的人，或者说社会主义教育必须通过德育、智育、体育、美育，培养全面发展的人”，把它用在高等教育领域，则可以表述为“社会主义高等教育必须通过德育、智育、体育、美育，培养知识、能力、素质结构优化、全面发展、具有创新精神与创造能力的高级专门人才”。在这个表述中，既包含了我国的教育方针，也包含了高等教育培养目标、培养规格的一般性要求。所以，当人才培养模式不能很好地与人才培养目标吻合时，则必须对人才培养模式进行改革，包括对人才培养方案与人才培养途径进行合理的调整，使人才培养方案、培养途径更好地与人才培养目标、培养规格相协调，从而使人才培养更加符合人才培养目标。

由此可见，人才培养模式改革动因既有来自教育外部的因素，也有来自教育内部的因素。对于高等学校而言，人才培养模式改革应该包括两个方面：一是，遵循教育外部关系规律，以社会需要为参照基准，调整学校的专业设置以及专业培养目标、培养规格，使人才培养更好地适应经济与社会发展的需要；二是，遵循教育内部关系规律，以专业的培养目标、培养规格为参照基准，调整专业的培养方案、培养途径，使人才培养模式中的诸要素更加协调，提高人才培养质量与人才培养目标的符合程度。总之，人才培养模式改革的过程，就是变不适应为适应，变不协调为协调，其实质是主动适应社会的过程。

四、“1＋X”证书制度与高职当前人才培养模式之间的关系

“1＋X”证书制度是学历证书与职业技能等级证书相结合的证书制度，是职业教育契合产业、行业、企业智能化转型和更

迭、提升人才培养适应性、针对性和灵活性的制度安排。

（1）“X”是对“1”的补充。

在“1+X”证书制度体系中，“1”是本位，“X”是补充，两者有着共同的目标，即职业教育人才培养。“1”是职业教育的主体和基础，它不仅帮助学生培养其职业技能、职业素养，还注重人的培养，即培养学生德智体美劳全面发展，注重学生未来可持续发展能力的培养；而职业技能等级证书主要是对职业技能培养过程中的特定岗位、特定工作领域和特定工作任务学生所需具备职业技能的培养，主要是对学历教育中职业技能培养的一种补充、强化和拓展。

（2）“1”与“X”相互促进和提升。

“X”对“1”中的职业技能、知识、能力、素养等进行补充和强化。“1”作为职业教育的本位、主体和基础，其涉及的职业领域、职业能力范围广度比较大，就单纯高职财务管理专业而言，它面向的职业领域不仅包括企业财务等相关岗位，还包括金融机构、非银行金融机构等相关岗位，相应的职业能力培养不可能覆盖到具体每个岗位的每个环节，更强调对学生职业素质的培养；而“X”更强调职业培养当中某一特定技能素质的提升，可以对“1”当中相对广泛的职业技能、能力和素养起到有效的补充作用，对相关的技能、能力和素养等进行专门的强化和深化。

（3）“X”证书与“1”的课程并非一一对应关系。

当前“X”证书与学历证书中现有开设的课程之间不存在完全对应的关系，其中多数课程与职业技能等级证书的课程存在对应关系，但现有课程并未能全部覆盖“X”证书所有知识点和技能点，仅仅是课程中部分知识点和技能点与“X”证书相对应，表现为一门证书对应多门课程的现象。也就是说现有的课程体系无法覆盖或者满足“X”证书的考证需求，只有对现有课程的相关知识点和技能点进行适当的补充才能对“X”证书相关的职业标准进行全覆盖。

第二节 相关理论

一、社会系统理论

社会系统理论的代表人物是德国卢曼，他认为“一个系统的结构和过程只有在与所处的环境相关联时才能存在，也只有在这样的关联中才有可能被人理解与认同”。他提出社会系统有四项基本功能，即适应（adaptation）、达成目标（goalattainment）、模式维持（pattern maintenance or latency）和整合（integration）。

社会系统理论认为整体的社会是由各个小社会系统组成的，教育系统即被包含在大的社会系统内部，并在内部有其自身的组织与构成。所有的社会系统都不是孤立存在的，因此教育系统与经济、政治、文化等系统相互交融、相互影响。基于“1 + X”证书制度下高职课程改革过程中既要考虑国家政策系统的引导，也要兼顾行业企业等经济系统不断发展变化的人才需求，从系统整体性的角度出发，这项工作是无法由高职院校一个主体独立完成的，需要策略次级阶层（政府）的支持与引导，管理层（培训评价组织与各地培训考核基地）的协调与维护，操作层（企业与学校）的产教融合、协同合作，共同促进高职专业课程改革深化，构建完善的“1+X”证书制度体系。

二、实用主义理论

实用主义理论是由美国著名教育家哲学家杜威提出，他认为社会与教育的发展史是协同并进的，当社会发生重大变革并分裂重组后必然会对教育提出新的要求与标准。教育系统只有进行内部革新才能够促进新社会的发展。

随着人工智能、财务机器人、财务共享中心、大数据和区块链技术的飞速发展，企事业单位财会人员的工作环境和工作手段都发生了巨大的变化，对财会人员的职业能力需求也随之发生改变。与此同时，高职院校财会类专业人才培养目标也在悄然变化，高职院校作为企事业单位人才输送的主体，必然要根据社会职位岗位的更迭变化与技能等级的最新要求，及时调整升级人才培养方案和课程规划，提升技能人才培养的规格与水平，从而实现与企业岗位零距离对接。

三、多元智能理论

多元智能理论（theory of multiple intelligences）是由加德纳教授提出的。他强调人类发展的多元性，认为人类有八种智能，需要得到全面的发展。加德纳将智力定义为：“智力是在某种社会或文化环境的价值标准下，个体用以解决自己遇到的真正难题或生产及创造出有效产品所需要的能力。”由此可见，智力一方面是解决实际问题的能力，另一方面是为社会需求作出有效产出的能力。

“1+X”证书制度的试行进一步完善了高职院校与企业合作的育人机制，推进产教融合深入实施，构建职业教育多元化办学格局。由于办学主体多元化，在“1+X”证书制度背景下的高职课程改革就要打破原有课程标准单一、课程内容过于理论化、考核标准单调等固化思维，将多元智能理论融入“1+X”课程改革的进程中，实现学历证书与职业技能等级证书对接、专业教学标准与技能等级标准对接、教学实训内容与证书培训内容对接、课程考核评价与技能评价对接。通过仿真工作环境，进行情景式教学，锻炼学生的实践应用能力与工作应急能力。除此之外，还可以鼓励高职学生打破专业局限，拓宽行业技能，努力考取与本专业相关的技能等级证书，促进多种智能的综合发展，提高自己的综合素质，成为复合型人才。

四、建构主义理论

建构主义理论认为“认识不是人脑对事物直接的、简单的反映，而是以原有知识为基础、在主客体的相互作用中建构而成的”，强调学习的主动性在于学习者本身，要利用在内部学习环境中的交流及外部环境等因素调动学生自主学习，从而达到使学生有效学习知识的目的。建构主义学习理论认为世界是客观存在的，但是人们可以通过自己的经验来解释现实并建构现实。

建构主义对学习的看法主要有以下三点：一是强调学习者的经验，认为知识是主体个人经验的合理化，因而在学习过程中，学习者先前的知识经验是至关重要的。二是注重以学生为中心，强调学习者的主观能动性。认为知识是个体主动建构的，无法通过外部的教授传输给学生。学生必须参与到学习过程中，在自己原有的知识经验基础上构建新的知识。三是该理论认为，知识的构建是个人作为个体和他人经过交流协商达成一致的社会构建。

"1+X"证书制度背景下，建构主义对教学的观点主要有以下三点：一是教育要在学习者原有经验基础上。教师应该在教育过程中注重让新知识与学习者原有的知识范围产生交集，并与学生的经验产生共鸣和熟悉感，这样才能更好地帮助学习者自己构建知识经验。二是教师作用的调整，教师在教学过程更加强调引导学生自己在原有经验基础上进行知识的构建。三是强调学习情境的设置。教师是学习环境的建构者，在教学中应该更加关注情景的创设，通过情景创设制造认知冲突，引导学习者思考解决问题的方法。

五、第四代评价理论

第四代评价是由库巴和林肯经过不断努力创设的。在其著作《第四代教育评价》中完整地阐述了该评价理论的本质观点和理论架构，并且提出评价的含义是将评价的事物赋予一定内涵，贴上个人意识中的价值标签，这本质上是一种心理建设，是一种主观行为，评价所代表的不是事物的一种真实状态，而是参与者对评价对象的主观认识，是通过互相商量达成的"共同心理建构"。第四代评价理论主要观点如下：（1）回应是第四代评价理论的起点。第四代评价打破了之前具有管理倾向的评价模式，形成了各方通过协商后进行评价的模式，认为评价的起点是对学校、高职院校与其他评价组织各方的利益表达，应该考虑多方主体的利益。（2）共建是第四代评价的实质。第四代评价不是客观存在的产物，而是学校、政府、社会各方利益主体的意愿表达，是一种人与对象在互动中形成的“心理建设”，因此第四代评价认为评价是主观的、随意识变化的，它本质上是一种心理状态，是通过心理意识不断加工形成的，评价的最终结果是评价者对评价对象的看法。（3）协商是共同建设的途径。评估是一个涉及所有利益相关者繁复的过程。为了使参与评价的所有利益相关者达成一致，有必要在评价中吸收各个方面的意见。

从评价主体的角度来看，第四代评价的观点是“相关利益者全部参与评价”，评价主体不仅包括“评价的制定者和组织者”，还包括被测评一方以及其他相关组织，它将学校本身的评价与外部监督评价结合起来，改变以往自上而下的不对等关系，使得评价主体与被评价者实现平等。“1 + X”证书制度背景下的高职院校人才培养质量评价，运用这一理念，打破了政府主导的评价方式。在评估活动之前，评估人员需要确定主要的参与者，高职教育的利益相关者应有社会、行业企业、学校、教师、学生和家长。利益相关者实际上是评价主体与被评价者，利益关系越大，实施评价一方的地位越重要。学生在高职院校学习，获得成熟的知识，练就一身本领，提升自身的专业技能，促进本区域以及社会经济发展的同时实现个人的价值。学生是实施人才培养评价的最大受益者，最终会以回报社会的形式体现出来。企业和行业也会相应受益，所以，他们都有权利参与评估的整个过程。

从评价内容的角度来看，“第四代评价”的提出提高了学生的综合职业能力，加强了校企合作。高职学生在企业和学校这两个场地交替学习，使学习阶段变得更加繁杂。进入企业后，我们在学校取得的学业成绩仅仅是一个参考，单位往往更加看重员工的综合素质，比如交流识别能力、任务完成情况以及解决实际问题的能力。学校要与企业进行深度融合，这样才能对学生的学习状况形成准确评价。目前，校企合作仍处于较低的水平层面，人才培养计划和课程内容开发还在起步阶段，学生学习过程评价方面尚未做好。而在校企合作达到一定程度之后，企业便会在微观层面参与教学评价，学校与企业共同评价学生的学习效果，使学校培养的人才符合企业的岗位要求，这是校企合作下一步发展的目标。因此，迫切需要建立一套校企共建的综合学习评价体系。从评价方法的角度来看，第四代评价提出了“回应—谈判—共识”的构建方法，意思是在自然的环境模式下，多元评价主体和被评价者应通过持续的辩论和谈判来达成共识，不同于原来的评价存在主导性的评价方法，而是多元主体共同参与达成一致的评价方法。“1 + X”证书制度下高职院校人才培养质量评价强调评价方式方法的多样性，在评价方法上，注重把文本理论分析与数据分析两方面结合起来，最终以学分的形式呈现评价结果。第四代评价法通过商议达成一致意见，为所有利益相关者陈述观点、发表意见的评价方法，它尊重多种价值取向，可以为被评价者提供多种参考信息。由于评价的最后公示结果会受到评价过程中所采用方法的影响。因此，不同的评价方式在实施评价的不同阶段会起到不同的效果，要充分发挥其优势。如果评估的目的仅仅是实现教育部门设定的某个标准，那么定量方法就发挥了更加重要的作用。如果评价的目的是发现高职院校自身所存在的问题，那么定性方法就发挥了更重要的作用。评估不是一个短期的活动，而是一个长期持续的过程。

六、素质教育理论

素质教育的思想起源于1980年，它是根据社会发展的需要提出的，也符合个人发展的要求。素质教育理论主要观点如下：(1) 以学生为本，尊重学生，把学生放在第一位。学生有创造性、能动性，他们有自己的思想，更是知识的主人，而不仅仅只被动地接受老师传授的知识，所以，素质教育重在发展学生的潜在素质，锻炼学生的各种能力，如学习与创新，让职业学生形成自主学习的良好习惯，引导在校学生独立人格素养的养成，使学生自信成长。(2) 提供全面发展的教育。素质教育提倡的全面发展并不是每个人都要做到一致，也不是对所有的学生有统一的标准，而是允许有优势、有个性的发展。在学生学习的整个阶段，允许每个学生培养独特的气质与爱好，教师要学会观察学生，发现学生的长处与优势，用他们的优势带动其成长，弥补其不足之处，使他们得到全面发展。学生是动态的、发展的人，永恒的发展是物质世界的本质，也是人类生活的本质。(3) 强调学生的终身发展素质。素质教育要求教育从基础教育扩大到各级各类教育，这就给予了素质教育终身学习的内涵。素质教育提倡不断学习，活到老学到老，学习具有连贯性，以前所学的知识一定是后续学习的基础。学习具有广泛性，学习与社会生活密切相关，不管是书本知识还是社会经验，都是我们终身学习的内容。

素质教育理论对本研究的启示有：(1) 素质教育提倡个性的

全面发展。"1 + X" 证书制度背景下高职院校人才培养质量评价的内容坚持全面发展原则，包括素质（心理素质、道德素质、知识修养）；技能（多种技能）；能力（运用知识、解决实际问题的能力）。高职教育的本质是让高职院校的每一位学生进入学校后都能获得进步，不过问学生从前的成绩，提高学生技能水平，培养工匠型人才，引导学生找回由内而外的自信，让学生找到学习的乐趣，不仅让学生掌握一项技能，而且在整合课程资源的条件下，培养学生获得多种技能，以满足企业发展的需求。同时，也要增强学生的创新能力，增长其本领，使他们能够解决更加复杂的技术问题。（2）素质教育理论提出学生是发展的人，要关注终身发展。"1 + X" 证书制度背景下对学生提出的要求是培养"多技能"的人才。当今时代的科学成果大多是多种技能与多种学科理论运用的结果，所以"1 + X" 证书制度的培养目标正逢其时，符合时代市场发展要求，同时，对职业院校学生提出了更高的要求。应对社会与市场的发展变化，学生需要落实素质教育理论，树立终身教育思想，不断提升自己，对自身发展提出更高的要求与标准。

第三节 "X" 证书发展现状

截至2020年底，教育部职业技术教育中心研究所先后于2019年4月、8月，2020年1月、12月四批次发布了培训评价组织及其开发的职业技能等级证书（简称"X" 证书），共有301家培训评价组织开发的447种"X" 证书入选。如表2.1所示。

表 2.1　　"1+X"证书制度各批次培训评价组织与证书数量

批次	培训评价组织（家）	证件数量
第一批次	5	6
第二批次	10	10
第三批次	63	76
第四批次	270	355
合计	348	447

从入选的301家培训评价组织来看，其地理分布主要集中在我国24个省市，前三名分别是北京市、广东省和江苏省，接近2/5的培训评价组织位于北京（162家）；第二位是广东省，有28家培训评价组织，培训证书达44种；第三是江苏省，20家机构，培训证书31种。当然，培训评价组织也不仅只有企业行业，还有研究机构、事业单位等（见表2.2），其中，企业280多家，占总数的96%左右，开发的证书数量也最多，累计420多种，占总证书数量的97%左右。可见，企业行业在培训评价组织中所占的比重较大，其重要性也不言而喻。"X"证书评价组织主要集中在经济发达地区，欠发达地区的评价组织机构偏少。

表 2.2　　"1+X"证书培训评价组类别和占比情况

培训评价组织性质	培训评价组织数量（家）	占比（%）	证件数量（件）	占比（%）
企业行业	291	96.68	435	97.31
研究机构	7	2.33	8	1.79
事业单位	2	0.66	2	0.45
民办非企业	1	0.33	2	0.45
总计	301	100	447	100

从培训评价组织性质来看，企业占比最高，为96.68%，其次依次是研究机构、事业单位和民办非企业，占比分别为2.33%、0.66%和0.33%，说明我国“X”证书政策主要偏向于向德国等国家学习，由企业作为培训评价组织来主导职业技能等级能力的培养。

从开发证书来看，国家电网有限公司以9种证书位居第一，北京新奥时代科技有限责任公司、北京中民福祉教育科技有限责任公司和腾讯云计算（北京）有限责任公司以6种证书并列位居第二。

从“X”证书专业大类和行业大类来看，在入选的447种“X”证书中，涉及17个专业大类和18个行业大类，具体如图2.1、图2.2所示，其中电子信息大类涉及的“X”证书类型最多，说明我国对该大类和行业发展的人才需求更为旺盛。

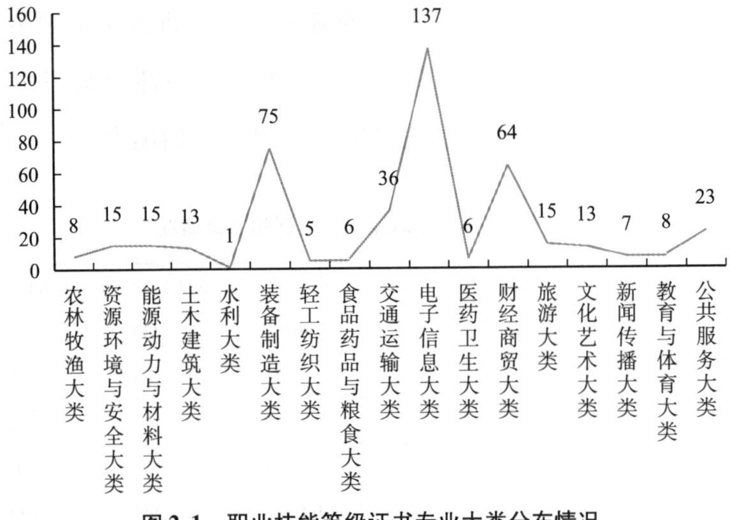

图2.1　职业技能等级证书专业大类分布情况

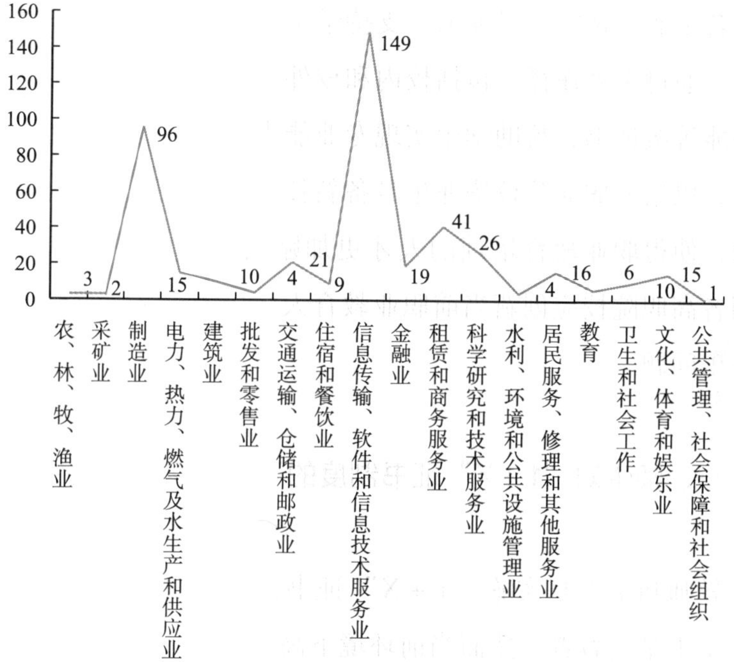

图 2.2 职业技能等级证书专业大类分布情况

整体来看，我国“X”证书政策正在稳步推进，但是落地效果如何，还在探索当中。首先，谁来主导该证书的落地，是培训评价组织方、高校、企业还是多方协作，需要结合我国国情进行抉择；其次，我国“X”证书如何与目前的学历证书结合，两者是独立进行还是融合进行，是摆在决策者面前亟须解决的难题；最后，我国“X”证书如何有效推进，还需要完善的政策制度保障。

第四节 “1 + X”证书制度背景下人才培养存在问题

我国推行“1 + X”证书制度的主要目的是在职业教育领域

增设若干职业技能等级证书，支持学生在获得相关学历证书的基础上，通过多种途径，包括校内和校外培训等方式获取相应的职业技能等级证书，帮助学生实现专业能力和可选择的单项技能相结合，以培养职业院校毕业生具备新技术环境下所需要的复合型能力，使得职业教育培训的人才更加贴近社会实际需求。为此，我国各高职院校应创新当前职业教育人才培养模式。重点解决以下突出问题。

一、师生对"1+X"证书制度的了解具有"片面性"

教师和学生是实施"1+X"证书制度的主体，教师是施教者，学生是受教者。然而当前环境下高职院校教师仍习惯于学历证书的教育模式，在实施"1+X"证书制度后，教师的教学范围需要涵盖"X"证书的相关职业能力要求，这就需要教师深入学习并了解"1+X"证书制度的内涵，及时适应"1+X"证书制度带来的变化，积极主动学习并掌握"X"证书相关职业技能要求，并且能够将其转化到教学实践当中，积极改变教学方法和教育教学改革相关理论，即"三教"改革，教师需要在这三个方面进行全面性的提升，"打铁还需自身硬"，只有教师真正理解"1+X"证书制度的内涵，才能有足够的动力进行自我突破。

此外，学生对"X"证书的了解较少，并不了解"X"证书与职业资格证书的区别是什么，也不了解哪种"X"证书更加适合自己，从而导致他们缺乏接受"X"证书的基础和学习动力，在报考"X"证书过程中存在一定的盲目性，间接导致"1+X"证书制度的人才培养效果达不到预期的目标。

由于教师和学生双方在“1 + X”证书制度理解方面存在片面性，导致高职院校在人才培养过程中难以有效执行相应的制度要求。

二、校企合作具有“断裂性”

职业教育的本质要求学校专业建设紧密对接地方经济产业，高职院校在人才培养过程中应当让行业企业充分参与进来，将其所需要的工作岗位职业技能标准融入学校的人才培养方案中。然而，目前部分高职院校现行的人才培养方案主要还是以教育部门出台的专业教学标准为基准制定人才培养方案，参照的职业技能标准也是人社部门统一发布的职业技能标准和行业企业岗位标准，没有有效结合区域经济发展实际，制定人才培养方案过程中缺乏充分的企业调研，更没有邀请相关行业企业专家进行专门的研讨，这将直接导致人才培养方案也无法有效与行业企业需求所匹配，课程内容与职业标准、教学过程与生产过程也无法有效与行业企业实际需求相匹配。高等职业教育注重学生职业技能的培养，要求培养符合市场需求的高素质高技能人才，尤其是“1 + X”证书制度背景下更加要求校企深度融合，只有通过产教深度融合，才能培养出更加符合市场需求的人才。

三、培养目标设置具有“功利性”

随着物联网、大数据、云计算和人工智能为代表的新一代信息技术飞速发展，全球化、互联网化、个性化等生活方式与生产方式都在发生改变，外部环境的重大变革对我国职业教育人才需求也提出了新的要求，企业的发展理念由粗放式发展转变为绿色清洁式发展，对人才的需求体现为更加注重人与人之间的相互合作、更加注重学习者的可持续发展，更加强调学习者的终身学习能力和综合素质提升等。然而，当前职业教育存在严重的“功利主义”和“效率主义”，这在一定程度上影响了整个职业教育人才培养。主要表现在某些专业存在严重的“职业资格证”导向，在构建人才培养体系、设置相关课程时只注重考证的通过率，而忽视了学习者人文、兴趣等个性化学习需求，采用工厂式、流水线式“产品”模式的粗放式培养模式来培养学生，把学生当作产品来培养，这样培养出来的学生，其未来的可持续发展和终身学习能力都将大打折扣。职业教育是根植于产业的教育类型，但是目前部分专业还没有按照技术技能人才的长远发展设置人才培养目标，没有支撑职业教育人才逐级成长的人才培养体系。职业教育的学习者无法参与到自己的职业生涯设计中，在效率主义的驱使下，职业教育被肢解为若干环节，只能按照统一的节奏和程序，牺牲了职业教育学习应该具有的丰富性和独特性。

四、人才标准具有“本科性”

虽然我国高职教育取得了长足的发展，但因在人才标准制定方面深受“学科主义”影响，部分高职院校制定的人才标准依旧具有浓厚的学科性，相关专业负责人通常都是从普通高校应届毕业后直接到高职院校参加育人工作，缺乏一定的企业实践经验，从而导致其在人才评价标准方面比较关注学习者是否具有完整的学科知识，对相关知识是否具有职业适应性的考虑相对较少，存在关注学习者学历教育而忽视学习者职业能力培养的问题。基于此标准，所制定的人才培养标准课程体系主要表现为按照课程体系的完整性开设相应的课程、按照课程内容的全面性设置课程内容、按照学生是否完成学科知识的构建来评价学生，最终职业教育的结果为职业教育教学与外部经济社会发展人为分割，学生无法通过学校培养体系获取相应的职业技能，无法掌握企业实际业务所需的各项职业技能，从而使学生缺乏职业思维意识，导致我国职业教育的本质无法得到真正落实。

五、培养方法具有“单一性”

因为职业教育关注学习者职业技能的培养，从而决定其不可能单独依靠学校自身就完成人才培养，而更多是需要加强与企业的合作，深化产教融合，为学生构建独特的学习空间。当前各高职院校在校企合作方面的基本形态以校内实训场地和校外实习基地为主，但由于职业教育的快速发展以及外部信息技术环境的重大改变，当前校内实训场所的硬件和软件等均无法有效满足学生的学习需求，部分专业的校内实训场所无法有效模仿企业实际工作场景，大大降低了其实际使用效果。校外实训基地方面，各高职院校与企业签订了相应的实践基地协议，企业一般会为学习者提供观摩、跟岗学习、顶岗实习的场所，但从现实情况来看，校外实训场所在学生职业能力培养方面所起的作用不是非常理想，主要原因为校外实训场所的覆盖面有限，学校虽然签订了很多校外实训基地，然而真正发挥作用的并不多，因为企业与学校之间缺乏利益上的一致性，真正愿意参与校企合作的企业必须有参与的动力，企业以盈利为目的，如果企业无法得到相应的培养利益所得，便不会真正参与到学生的培养当中来。当前真正有动力参与高职院校人才培养的企业主要是有用人需求的企业，其往往采用订单式人才培养模式来参与学生培养，这一形式的人才培养规模在我国只占少数。由于校企合作、产教融合无法真正深入，导致职业教育的课堂还停留在知识传输的过程之中，教师按照课堂教学的模式，简单封闭地执行知识性的教育，学习者配合教师完成教学任务，围绕职业技能形成所需要的高品质、多样态学习仍然无法实现。

六、人才评价具有“片面性”

职业教育原有的学历教育，虽然在提升学生职业技能、综合素养方面发挥了重要作用，但随着社会经济的变化，企业管理模式逐渐呈扁平化趋势，职业的跨界性越来越明显。在智能生产、人工智能、大数据、区块链等技术的驱动下，操作性的职业技能与知识型职业技能之间、操作性职业与其他职业之间出现了交叉融合，社会需要的更多是具有“专门职业技能＋多项特殊技能”的复合型综合技能类人才。换言之，高职院校在人才评价方面应当对学生进行综合性评价，除了评价其特定专业技能之外，还需要评价其他特殊职业技能；除了评价其职业技能现有掌握情况，还需要评价其职业技能的迁移能力、学习能力等。然而，在当前职业教育的人才评价中，主导评价方法依旧是按照标准开展的笔试模式，按照“标准答案”来完成对人的学习评价，这样的评价模式往往会引导学生为了考试而学习，有悖于职业技能的过程性考核特点，容易导致教师忽视对学习者的过程性考核，忽视对学习者个性和能力特征的关注，无法促使老师开展因材施教，实现学习者各方面潜能的充分发展。这样的评价方法既浪费了宝贵的教育资源，又阻碍了学习者自身的发展，降低了外界对职业教育的期许。

第三章

发达国家高等职业教育发展模式及对我国职业教育的启示

高职教育作为高等教育的重要组成部分，其人才培养质量与社会服务能力事关各国社会经济发展与产业升级。我国高职院校已历经数十年的发展，现今已在规模与内涵发展上取得了不错的成绩，然而发展过程当中仍存在诸多问题，其中最为突出的问题是发展模式的选择问题，如何走出一条适合我国国情特点的中国高等职业教育发展道路，成为当前高职发展当中尤为突出的问题，要解决这一问题我们需要借鉴部分发达国家的发展经验，并取其精华为我所用。

第一节 德国“双元制”模式及对我国职业教育启示

一、德国“双元制”模式

“双元制”是指由校企双方共同参与、共同培养技术人才。

“双元制”人才培养模式的内涵包括：(1）主体的“双元”。由国家办的职业学校和私人办的企业两个办学主体合作开展的职业教育模式。(2）身份的“双元”。接受“双元制”的对象在职业学校以学生身份接受理论知识的学习，在企业以学徒身份参与培训，工学交替，产教融合。(3）教学内容的“双元”。教学内容包括专业理论知识和职业技能培训两种。(4）师资队伍的“双元”。教师不仅有实训教师，还有理论教师。(5）考核方式的“双元”。“双元制”培养模式结束后必须接受专业知识考核与实训技能考核两种考核方式。(6）法律的“双元”。职业学校受州教育部管理，遵循《州学校法》；而参与“双元制”职业教育的企业受联邦教育部管理，遵循《职业培训条例》。通过国家立法支持，由企业和学校共同担负培养人才的任务。(7）证书的“双元”。学生毕业后可获得毕业证书和职业资格证书两证。

1. 以培养应用型人才作为其培养目标

德国的综合性大学和应用科技大学是不同类型的高校，一个实行学术型人才培养模式，与我国的研究型大学类似，一个实行应用型人才培养模式，与我国的职业教育类似，其中应用科技大学以就业需求为导向，面向行业或专业群，主要培养的是各个领域在第一线从事生产、建设、管理等既有理论知识又有较强实践能力的工程应用型和技术应用型工程师。“双元制”是德国职业教育的主要形式，注重政府、行业协会、企业、学校、学生等各方紧密合作，以职业能力为本位，以培养高素质的应用型工程师为目的，这种人才培养模式在本质上是为学生将来的就业、择业、创业做准备的，具有明显的就业导向。

2. 以技术应用能力为本位

（1）专业设置紧扣市场需求。

在德国“双元制”模式下，相关的学校从专业设置一直到课程体系都具有鲜明的实践导向性，其在构建相关专业体系时偏重与实践相关的专业知识、方法和技能，同时，特别强调对学生工匠精神的培育。专业的设置紧扣市场用人需求，以服务地方经济、适应地方经济发展需求为主要目的。专业结构符合地方产业结构发展，一是根据经济社会发展的变化，在增长快的就业领域开设新的专业，不断调整专业结构；二是加速现有专业的现代化。为适应地方经济发展需求，德国应用科技大学在专业设置方面主要以经济学、农学、信息技术学、社会教育学和工程技术学等为主，具有典型的职业性和较强的应用性。

（2）课程设计以技术应用能力为本位。

离开企业环境难以培养应用型人才已经成为德国人的共识，所以德国在教学大纲、课程设置、实习实训、考试、毕业论文等环节都由校企共同研制。课程设计以技术应用能力为本位，以职业需求为核心，而不是按学科体系分类。根据生产过程中需要用到什么知识就教授什么内容的原则，按照“预实习—基础理论学习—专业基础理论学习—工业实习—专业理论实习—毕业实习、毕业设计”设计教学，强调技术知识方法的实际应用，课程由浅入深，知识面广、深浅适度、综合性强。在教学中采用模块化教学，按照学期将专业内的教学任务划分为单个具体模块。使所有模块最终覆盖所学专业的所有理论及知识体系，导向性明确，培养了学生综合分析问题和解决问题的能力。课程编制由业内专家编排完成，不仅注重基本从业能力、社会能力的培养，更关注综合职业能力的培养。

（3）重视道德修养的培养。

德国职业学校和企业都非常重视“工匠精神”的培育，正是凭借这种精益求精的工匠精神，使德国成为制造业强国。企业要求学徒具备严谨、认真、专注、耐心、精益求精的敬业精神，对缺乏职业精神的个人或企业，将会受到严厉的制裁。为此，职业学校要求学生必须具备三方面的素质：一是学习知识技能的自觉性和主动性；二是具备团队协作精神；三是具有安全、环保意识。

3. 企业主导的校企合作模式

在“双元制”模式下，教学大纲、课程设置、实习实训等各项教学环节都由校企双方共同完成，其考核方式也由校企双方共同参与。在整个培训过程中，校企紧密结合，以企业为主，注重实践能力的培养。企业作为职业教育的主导方，为培养优秀的员工，主动选择优秀的学校合作育人，而职业学校则处于从属或配合的地位。企业遵循国家的相关法律制度，按照全国统一的资格标准及相关教学内容，基于工作岗位、工作过程的培训培养学生的职业能力。教学模式遵循“实践—理论—再实践—再理论”的循环模式，即每经过一轮循环，学生水平将得到很大提高。教学过程将教学与项目开发和应用研究相结合，其中实践教学所占比例较大，包括实验课、实习、项目课程、毕业设计和学术旅行等。在学生的学习时间安排方面，60%～70%的时间在企业实习，30%～40%的时间在校学习。企业参与校企合作培养之所以有较高的积极性，一是因为法律明文规定任何企业都有参与培训的义务；二是因为德国企业秉承“为德国人培养人就是为我培养人”的理念，认为培养职业人才是一种社会职责。

4. 培养制度健全完善

德国“双元制”人才培养模式以完善的立法、充足的经费、高素质的师资队伍和充足的实训基地保障了其教育教学质量。具体表现有：

（1）法律保障。为保证“双元制”职教模式的顺利实施，国家以法律的形式强制要求企业参与其中，并对参与“双元制”培训的企业给予税收或其他方面的优惠政策。《联邦职业技术教育法》作为德国职业教育的基本法，规定了“双元制”办学主体：企业和学校，校企双方都要遵循此法以保障职业教育的校企合作，该法在国际上被认为是最严密、最详细的职业教育法律。职业学校遵循《州学校法》，由州教育部管理，教育企业遵循《职业培训条例》，由联邦教育部管理。此外，《联邦职业教育促进法》《青少年劳动保护法》《州的教学计划和规定》《企业基本法》等法律以及《职业培训条例》《手工业条例》等条例都对“双元制”培养模式作出了明确规定。以法律的形式强制要求企业参与到职业教育当中，凸显了企业在职业教育中的重要地位，促进了德国职业教育的健康发展。当学生中学毕业后，根据相关法律规定，可自选一家企业先获得培训职位，再到职业学校登记入学。从招生开始就在法律层面保障了企业利益，而职业学校是为企业服务的。通过这些法律，明确了学校与企业分工协作的形式、内容和时间安排，在全国范围内形成了国家、企业和行业协会等联合规范办学的局面。

（2）经费保障。德国“双元制”人才培养的经费来源主要是企业和国家，其中企业承担约 2/3 的教育经费，国家承担约 1/3。除了国家拨款外，学校还通过多渠道筹措外部经费，具体表现在：与企业合作共建培训基地、共同研发项目、为企业员工开展培训、企业在学校设立专业奖学金等方式。企业除了培训学徒的实践操作能力，还需要每月向学徒支付一定的津贴。这不仅给学徒提供了基本的生活保障，还极大地调动了学生的积极性。

（3）师资保障。《德国联邦职业教育法》《高等教育总法》《德国企业教师资质条例》都对教师的技能、知识以及能力做了明确规定。根据教学内容的划分，德国“双元制”模式下的师资可划分为实训教师和理论教师，其中实训教师由企业提供，一般是完成“双元制”职业培训并具有五年以上职业实践经历的“师傅学校”毕业生，或是经“双元制”培训后具有两年以上职业实践的“专科学校”毕业生；理论教师是经过四年专业学习及两年师范学校，再经过四个学期的教学实习并通过两次国家考试的大学毕业生，或者是有至少四年企业工作经验后又经过 2～3 年职业教育师资培训的研究型大学毕业生。除此以外，德国应用科技大学还特别重视企业兼职教师队伍建设、注重教师实践技能培训。各级政府的法律还明确规定，专业教师应定期参加继续教育和专业发展培训，每年参与企业实践不得少于两周时间。

（4）实训基地建设。德国政府将职业教育视为企业的生命力所在，对培训设备和条件有严格要求，具体表现为：新、全、多。“新”要求所有的培训设备现代化且先进化，不用过时的甚至淘汰的设备来培训学生；“全”指培训设备品种规格齐全，基本上一个专业范围内的所有设备一应俱全；“多”指数量充足，做到人人均有动手机会。在“双元制”人才培养中以企业为主导，为学徒培训提供充足、完备和先进的设备，提供真实的工作环境，切实提高学生的操作能力和适应能力。

5. 第三方评价制度保障教育质量

德国“双元制”模式采取“宽进严出”的管理办法，教学管理实行弹性的学分制，注重过程性评价。为确保考试的客观性和公平性，保障教育质量，学生的考试交由与培训无直接关系的行业协会承担。行会的主要职责是监督学校和企业是否执行行会的标准和技术，教学内容是否及时更新，同时还要负责对毕业生的考核，实行教学和考核相互分离的评价制度。考试合格后获得由行业颁发的职业资格证书，全国通用。学生培训结束后，从学校过渡到职场，无论是就业还是转岗都较为顺畅，工资待遇也很高。

“双元制”人才培养模式具有极强的针对性和实用性，教学内容与社会生产需求和技术的发展紧密联系，缩短了企业用人与学校育人之间的距离，真正实现了在校学习和就业的无缝对接。同时，学生在真实的企业氛围中学习知识和技能，更有利于锻炼技能，培养团队意识和职业操守，使得学生毕业后工作适应能力较强，就业率较高。

二、德国“双元制”模式对我国职业教育启示

1. 强化政府统筹，促进职业教育与普通教育协调发展

（1）统筹高等教育与高职教育协调发展。与德国两种不同类型学校等值理念不同，我国大众对高等职业教育存在偏见，认为高等职业教育属于低层次教育，甚至会被人们看不起。高等职业教育与普通高等教育本质上是性质不同的教育类型，属于平行的教育。我国需要通过强化政府统筹，促进高职教育与普通高等教育协调发展。通过制定相关政策，提高职业学校毕业生待遇，弘扬劳动光荣、技能宝贵、创造伟大的时代风尚，为职业教育发展提供良好的社会大环境。

（2）政府还着力于统筹高等职业教育结构。现代职教体系不仅要体现中职、高职、应用型本科、专业学位研究生教育纵向相互衔接，还要突出学历与非学历教育横向贯通的终身教育体系。为此，高等职业教育应以就业为导向，由专科、本科和研究生层次共同组成完整体系，构建层次明确的职业教育结构。虽然我国已初步构建现代职业教育体系框架，通过不同职业教育层次的相互作用建设了终身教育体系，并最终完成了现代职业教育体系的顶层设计。但我国高层次职业教育主要集中在三年制专科教育，本科和研究生层次的高等职业教育数量相对较少。根据德国职业教育的经验，我国高职教育应逐渐向本科和研究生层次发展。这一举措可以增强高等职教的整体实力，构建更为合理的人才培养结构。将加强学历、学位教育与职业技能培训作为职业教育未来

的发展趋势和努力方向。

2. 以市场需求为导向进行关专业设置

德国“双元制”人才培养模式的优势在于通过校企合作，使得理论学习与实践操作紧密结合，从而有效提高学习者的技能。校企双方在进行相关专业设置的时候都紧紧以市场需求为导向，依据市场需求为社会培养技能型人才。而我国传统的人才培养模式以学校课堂为中心，以教师讲授为主体，该模式已不符合现阶段的经济发展。高等职业教育必须改变学科本位、学术导向的精英人才培养模式，建立能力本位、就业导向的职业技能人才培养模式，实现教学过程和生产过程的相互融合。“工学结合、校企合作”的人才培养模式是目前我国职业教育发展改革的主要方向之一。因此职业学校的专业设置必须以市场需求和社会经济发展需求为依据，紧跟产业结构升级需要和行业、企业需求，不断调整并优化专业结构布局。我国正处于经济转型和产业结构升级的关键时期，对于高职院校中一些就业市场不景气、专业对口率呈走低趋势的专业，应予以调整，甚至停招。而对于一些创新型专业、服务行业、环保专业应鼓励扩招。因此，高等职教的培养模式应围绕职业实际需要进行调整，包括专业设置、课程设置、培养目标、教学方式和考试方式等，将实践与理论相结合，防止理论知识陈旧老化，紧跟企业和市场需求。

3. 搭建校企合作平台

高职教育所培养的是能够满足企业需求的高素质人才，应与企业所需的技能相匹配，并与就业岗位相对接。校企合作、产学结合可充分发挥职业教育的功能，体现出职教特色，只有企业积极参与到高职教育中，才能促进职业界和教育界的相互融合，使人才培养更具针对性和灵活性，同时也能有效缓解高职教育办学经费不足的问题，提高学生就业率，使企业也能从中获得高质量的人力资本。只有实行校企合作，职业教育人才培养模式才能得到实施，学生质量才能得以保证。德国“双元制”人才培养模式的主要特征之一在于校企间的深度合作，而集团化办学是促进校企深度合作的有效途径，是中国特色职业教育改革的创新模式。集团化办学可以有效鼓励多元主体参与职业教育办学，凸显企业的主导作用，是符合中国国情的一种人才培养模式，也是教育部门大力推广的一种办学模式，该人才培养模式的实施对于整合职业教育资源以及推动人才培养模式改革都具有重要意义。同时，加强国际合作。通过国际交流合作，提升人才培养层次和结构，推动我国职业教育的国际化发展。

4. 完善高职教育制度化管理

企业参与是职业教育的核心动力，政府的有力支持是重要推力，完善的制度化管理是重要保障。完善高职教育制度化管理主要体现在法律制度保障、经费保障、师资保障和实训基地建设四个方面。

（1）法律制度保障。德国职业教育的成功的关键之处，在于通过法律法规、政策制度来规范学校和企业办学，明确学校、企业和行业协会的责任和义务，为校企合作营造了良好的法律环境。我国在 1996 年才颁布了主要是针对学校的《职业教育法》，但对企业和行业参与职业教育并不具有约束力和强制性。目前，我国实行的校企合作，往往还是以学校教育为主、企业实训为辅，导致学生的理论和实践不能很好地结合，进而影响企业对人才的质量需求。而在校企合作中，政府起着至关重要的作用，通过制定法律政策来协调和规范校企合作：一是确立企业在校企合作中的主体地位；二是明确双方在合作中的职责；三是在法律中保障双方的权益；四是明确对违法行为的法律制裁；五是完善我国职业资格证书制度，严格就业准入。因此，提高高职教育质量，应在制度层面规范校企合作，从招生、培训计划、设备、考核、管理以及经费来源等方面划清学校和企业的权利与职责，进一步完善《职业教育法》。

（2）经费保障。职业教育的实践性决定高等职业教育需要比普通高等教育更多的经费投入，包括场地、材料和设备的配备。在德国，多渠道的经费来源保障了“双元制”教育有了充足的经费。而在我国，高职教育经费投入有限，不能有效满足学生的实际需求。据统计，2016 年高等职业教育经费总投入为 1828 亿元，占全国高等教育经费总投入的 18%。借鉴德国的经验，应加大政府对职业院校的经费投入，大力扶持职业教育，同时吸引多元主体参与办学。

（3）师资保障。德国的经验告诉我们：建设一支师德高尚、理论知识扎实、实践经验丰富的“双师型”教师队伍是职业教育取得成功的关键因素之一，是保证职业教育目标顺利实现的重要突破口。高职教育的教育性和职业性决定教师既要通晓理论知识，又要有丰富的实践经验。而提高“双师型”教师比例的途径有如下几条：一是改革教师准入标准，严格规范教师参与企业实践的具体要求；二是逐步吸引技术骨干参与人才培养，鼓励企业专业技术人员担任兼职教师；三是完善教师激励机制，成立“双师型”教师专项奖励基金，对那些优秀的“双师型”教师给予一定的奖励。培养“双师型”教师是建设职业教育师资队伍的重中之重，也是衡量高校发展实力的关键指标。因此，建设一支综合素质过硬、专业知识扎实、实践能力突出以及良好职业精神的师资队伍是高职院校的重要使命。

（4）实习实训基地建设。德国企业积极参与“双元制”教育模式，除了为职业学校提供充足的经费来源，还提供了充足的实训基地和先进的实训设施设备，实现了资源共享，促进了教育界和职业界的协调发展。实习实训基地建设是高职教育培养目标得以实现的重要保证，不仅能满足学生的实习需求和技能操作训练，还能培养学生的职业素质、实践能力和创新精神。

第二节　英国现代学徒制模式及对我国职业教育的启示

一、英国现代学徒制模式

1. 三维度制定人才培养目标

英国高等学徒制人才培养目标从专业理论知识维度、实践技能应用维度和跨行业的就业技能维度三个方面对学生进行设定。与传统的学徒制度相比，英国现代学徒制下，学徒主要通过正规教育机构或者大学来接受系统的专业技能培训，通过这种方式可以使学徒能够接受正规的专业理论课学习、实践技能培养并获得学历教育证书。与普通高等学历教育相比，英国高等学徒制的学徒项目更加侧重对专业理论知识在实践中的应用，而不是只注重学习学科理论和学科逻辑推导。相比普通高等学生来说，参加高等学徒制的学徒更加适合企业的一线工作，能够为企业一线可能会出现的问题提供解决方案。与中级和高级学徒制相比，高等学徒制的人才培养目标中去除了对学徒基础技能（英语、数学、信息技能）的要求，增加了对学徒就业技能培训的要求，要求学徒要学习相关行业领域内的法律知识、训练学徒解决问题的能力和项目研究的能力，这有助于学徒未来在行业领域内跨职位的职业发展。这三方面人才培养目标的设立更加符合现代企业对高素质、高技能专业人才的需求，打破了传统学徒制为了岗位而培养技术人员的传统，更加关注学徒未来职业生涯发展和综合素质的养成。

2. 多方共同制定人才培养标准

（1）多元主体共同参与。

英国高等学徒制下，涉及的利益相关主体众多，包括高等教育机构、行业技能委员会（Sector Skills Coucil，SSCs）、英国就业与技能委员会（UK Commission for Employmentand Skills，UKCES）、技能资助署（SFA）、国家学徒服务中心（National Apprenticeship，NAS）、英格兰高等教育基金委员会（Higher Education Fuding Counil for England，HEFCE）、商务创新技术部等（Department for Business Innovation & Skills，DBIS），其中大学或高等教育机构和企业雇主是英国学徒制项目实施的主体。大学、

高等教育机构、行业技能委员会和英国就业与技能委员会共同进行学徒制标准和评估的开发。技能资助署、国家学徒服务中心、英格兰高等教育基金委员会和商务创新技术部等政府部门为学徒制提供立法支持。这种多元主体共同参与的培养标准制定能够使人才培养更加符合多元主体的需要，同时能够使各个部门明确自己的职责。

（2）雇主主导人才培养标准的制定。

2013 年 10 月英国教育部发布《英格兰未来的学徒制：实施计划》（The Future of Appenticeships in England：Implementation Plan）对学徒制标准的制定提出新的要求。该要求明确要求高等学徒人才培养标准的内容要由雇主主导完成，学徒制知识要素课程与能力要素培训的内容要完全符合企业工作现场对技能的要求。人才培养标准中要描述学徒掌握特定职业岗位所需要的全部技能，且这些技能要符合相关行业专业注册的需要。另外人才培养标准中还应该包括学徒未来职业生涯中所需要的综合技能，对这些综合技能的学习有助于学徒在该行业中不同职位的发展。政府在学徒制标准的制定中对人才培养的外部标准提供保障，确保学徒制标准内容的高质量和一致性，不得干涉和决定职业技能的需求。

3. 模块、层级化的课程设置

（1）模块化的课程设置。英国高等学徒制下，学徒制项目的课程体系设计是由企业与大学或高等教育机构共同完成的，其设计的课程体系彻底打破了普通高等教育的学科课程模式，其课程设置不再以学科的内在逻辑进行编排，而是以工作任务为导向，围绕企业主的工作体系，进行跨学科领域式的综合性课程开发，其开发的课程体系是以实际工作体系的基本组成单位为主形成的模块化课程，该模块化课程能够按照实际工作的程序和规划，将一项工作进一步细分为一个个部分，在对每一个模块进行学习后即可习得工作的全部程序和规划。英国现代学徒制之所以进行模块化课程开发，主要是因为在现代企业中出现的问题通常较为复杂，技术员需要通过对多门学科的知识整合后，再对问题进行决策从而提出解决方案。以学科内在逻辑编排课程的方式，目的是使学生理解学科的理论进而通过理论上的创新来指导实践，但这种学习往往不利于实际操作的培训。但以工作过程任务为基础的课程编排方式是以工作场所中的实践过程为导向，对专业领域内的多门学科进行综合，这样的课程编排方式更贴近实际工作过程，有利于指导学徒未来在岗位上的实践。

（2）层级化的课程设置。英国高等学徒制包含四个等级，分别为 4 级、5 级、6 级和 7 级，每个学徒项目都由各个层级构成，并且每个层级的课程内容都不相同，整个课程按照层级进行排列，从而形成多层级的课程体系。其中英国高等学徒制 4 级要求学徒具备从事某领域工作或学习的专门技能，能够对高层次的信息及知识进行详细的分析和解读；5 级要求学徒具备能够在特定工作或学习领域中创新知识和认识事物的能力，能够应对复杂的问题并提出解决办法；6 级高等学徒制要求学徒具备特定工作或学习领域中专家级的知识，能够利用自己的知识和见解解决复杂的问题；7 级高等学徒制要求学徒具备高深和综合的知识，具备创新解决问题和预测问题的能力。以数字技术高等学徒制为例，4 级高等学徒制中设置了 8 个必修模块，其内容为概论性的知识和专业基本原理，符合4级学徒制要求中所提出的具备从事某领域工作或学习专门技能的要求。5级高等学徒制中设置了3个必修模块和9个选修模块，选修模块的设置中出现服务管理、IT产业财务决策和IT产业财务决策等内容，较4级相比学习内容更加深刻，符合5级高等学徒制所要求的对高层次信息分析和解决能力的培养要求。6级高等学徒制中设置了3个关于就业综合能力培训的必修模块和8个选修模块，其选修模块中的设计传递了IT产业变化、数据分析、社会媒体监控和网络安全分析等，模块的设计体现了6级高等学徒制的课程模块，设计更加具有专业性，符合要求中提出的具备特定工作或学习领域中专家级知识和解决复杂问题的要求。从4级到6级的课程设计是按照各个学徒制等级的要求来设置其内容的深度和广度，这种做法有利于逐级加深学徒的专业知识和问题解决的能力，同时可以为企业提供各种类型和水平的技术人才。

4. 工作本位的实践教学

学徒制是工作本位学习的一种形式，在实际工作现场学习，能增加工作现场的教育功能，是工作本位学习的首要特征。在高等学徒制中学徒以工学交替方式分别在大学和企业中进行学习，这种方式可以使学徒在大学中学习的专业理论知识迅速在企业的实践中得到应用，从而避免了在职业教育中学生疏于实践、无法满足现代企业需要的弊端。首先，学徒在大学或高等教育机构中接受知识要素的教学方式同样适用于实践。以BPP大学提供的学徒制课程为例，其课程中30%是以讲授和讨论的教学方式进行，其余70%为独立学习。同时，在选修与必修模块中均设置了各种各样的专业实践和项目分析，这些模块的教学都是基于实践的方式进行的。其次，学生将更多的时间用于工作场所的实践，为保证教学质量，学校与企业的沟通协调非常关键。每个学徒制项目中学徒、大学或高等教育机构和企业之间都需要签订合同，学校与企业的合作是共同开发课程和教学，企业为学校提供教师和设备，学校为企业量身定做培训方案。此外，为了保证学徒能够在企业得到高水平的培训，学徒会作为一名正式员工与企业签订合同，在接受培训的同时还能获得报酬，一些大型企业还会将学徒制视为其招聘员工的主体形式，所以为了生产效率的提升企业会对学徒进行高质量的培训。

5. 雇主在多元利益相关者共同办学中的主导作用

最初，英国政府在英国学徒制的多元利益相关主体中起主导作用，学徒制标准内容的制定由政府主导负责，但是政府主导学徒制标准的内容设计无法真正反映各个行业领域内企业的真实技能需求，从而导致企业不愿参与学徒制培训。为了解决这一问题，2012 年《理查德学徒制评论》中提出："政府的作用应当是为学徒制建立学徒制资金激励机制、鼓励雇主和其他具有相关机构设计和开发学徒标准，政府可制定判断和选择最优学徒制标准的原则，使学徒制标准具有拓展性、提供可迁移的技能且能激发雇主购买的意愿。"2013 年英国教育部发布的《英格兰未来的学徒制：实施计划》提出："政府特别注意小型企业对学徒制的需要，在标准的开发中要满足行业领域内大、中和小型企业雇主的不同需求，使学徒制标准成为指导他们操作的管理模型，吸引更多的企业加入学徒制并在学徒制项目实施中起主导作用。"

二、英国现代学徒制模式对我国职业教育的启示

1. 确立企业在人才培养中的主导地位

从英国高等学徒制的改革和发展来看，英国政府正不断赋予企业在人才培养中更高的地位，从人才培养的目标要符合企业用人需求和由企业主导开发人才培养标准这两点可以看出，英国学徒制是基于企业需求所进行的人才培养。因此，现代学徒制试点从人才培养目标的确立之初就应该体现企业的主导地位，即培养企业可用的技术人才。现代学徒制人才培养方案的编写应该由企业技术人员参与，职业资格认证体系和职业能力标准体系的开发也应该遵从企业技术人员的典型工作任务。政府应该颁布法律法规赋予企业主导地位，并提出激励措施帮助更多中小企业参与现代学徒制人才培养。

2. 建立国家职业资格认定体系和开发职业能力标准

全国统一的职业资格认证体系和职业能力标准是学徒制不可缺少的关键因素，英国高等学徒制的课程内容是基于全国统一的资格和学分框架（QCF）、专业技能证书提出的技能标准所开发的，且学习结束后以获得相应的证书对学徒制的学习和培训进行认证。因此我国应建立全国统一的职业资格认证体系，该体系应对技能水平，操作水平、学习内容、学习时间等进行规定，并且资格认定考试应该上升至国家考试的高度以确保证书的质量。人才培养最终要依托课程，如果缺乏完善的职业资格认定体系和统

一的职业能力标准，那么现代学徒制的企业培训将无法有效开展。单纯的职业院校人才培养无法满足现代企业的需要，最重要的原因就是课程内容无法贴近企业对技能的需求。应该请教育专家和技术专家共同依据行业领域的典型工作与任务开发职业能力标准，使这些职业能力标准融入现代学徒制的课程体系成为企业技能培训的主要内容，再通过国家职业资格认定体系对学徒的最终学习成果进行认证。

3. 设立工作本位评估方式

英国高等学徒制人才培养质量的评估方式偏重对学徒能力的评估，评估内容包括对学徒知识应用、能力水平和日常工作表现的记录，同时还要结合雇主的意见、项目实施和面试三种评估方式。现代学徒制依据职业能力标准体系进行评估，分别对学徒基本技能态度和行为进行考察。工作本位的评估方式则通过过程性评估和总结性评估两种方式进行。过程性评估可以通过为学徒建立技能档案的方式进行，由企业师傅设立评价标准，档案内容包括学徒在培训中对知识的运用、技能水平和日常工作表现。总结性评估以项目解决的方式进行，首先由企业师傅设计考察项目或日常工作中的技术课题，由学徒提出解决方案并实际操作，再由企业师傅对学徒的操作进行评判。

4. 深化职业教育课程改革

职业教育课程开发的主要内容应以工作任务分析结果为依据，在进行工作任务分析时，需厘清岗位和任务两者的关系，可以召集相关工作岗位的资深专家按照典型工作任务分析路径对岗位进行分析，以此确定工作岗位的实际工作内容和能力要求，明确课程体系框架，进而在课程内容的基础上开发配套的教材、实训项目，以及操作演示视频、操作指导手册、测试题库、线上评估软件等其他教学辅助材料，全方位提升课程质量。

第三节 澳大利亚 TAFE 模式及对我国职业教育的启示

一、澳大利亚 TAFE 模式

1. 以就业为导向进行专业设置

TAFE 学院所拥有的专业基本涵盖了社会上所有的行业和领域，科学化的专业开设是 TAFE 学院教学得以成功实施的前提。TAFE 学院的专业设置由行业和学院根据市场需求并结合学院资源、师资状况等共同协商，随后，再上报地方教育部门和行业组织审批。审批通过后，学院才能招生。专业设置以满足社会人才需求为导向，以能力培养为本位，促使 TAFE 学院的教学内容满足行业需求，切实提高办学质量与效益。在专业开设方面，行业与社会的需求是首要考虑因素，因此 TAFE 学院在专业设置方面始终以行业需求为导向，最大限度地满足社会及行业的需求。为了整合教育资源、优化专业设置结构，TAFE 学院专门聘请行业资深专家参与专业设置，由企业与 TAFE 学院共同对专业开设方案进行分析论证，再将经过分析论证的专业开设方案上交州地方教育主管部门进行审核。审核的标准包含：专业是否符合行业发展的实际需求；专业是否具有良好的发展前景；所有专业设置结构的整体布局是否科学合理；学院的办学实力是否能够达到开设专业的实际要求。

2. 以能力本位进行课程设置

能力本位不仅是TAFE学院职业教育办学的行动导向，也是TAFE学院在办学过程中所体现出的最为显著的特征。在课程设置、教学实践、教学评估等方面都以能力本位为导向。在课程设置方面，TAFE学院首先邀请行业代表共同分析不同工作岗位所需的不同工作技能，然后再列出这些岗位工作技能要求从业人员必须具备的理论知识与实践能力，最后再以岗位所需的理论知识与实践技能为导向来开设课程。例如：外贸行业的会计主管工作岗位要求从业人员具备财务管理能力、会计内部控制能力、良好的外语表达能力等，TAFE学院会根据这些能力要求与行业代表共同商讨设置外贸财务管理课程、外贸应用英语课程及财务部门的人力资源管理课程等，再以设置好的课程来选择并编写教材，组织教学活动，最终以技能考核为标准进行教学评估。

（1）以行业需要为课程开发的出发点。如皇家墨尔本理工大学TAFE以行业的需要作为课程开发的出发点，组织相关行业专家成立课程开发委员会，深入研究行业的需求情况，据此决定开发的课程。此外，由企业代表组成的校一级董事会，也会对课程开发及课程设置提出意见和建议。在设置课程之前，还要咨询相关企业专家，依据企业的变化需求对课程进行规划和设置。

（2）课程开发以行业能力标准为基础。TAFE 学院课程开发依据能力标准制定培训包，强调实践能力的培养；同时，根据行业能力的需求，学院还应不断调整培训包，以此制定符合需求的课程教学大纲，确保培训出的学员真正适应行业发展。

（3）学院课程经行业企业审核。学院开设某一课程并非由自己决定，必须先经过行业的许可。全国行业培训委员会对该行业的人才需求与相应课程进行比对，而后由行业组织审核把关，包括学时分配和课程内容等，结合行业企业代表的意见，依据变化情况，对制定好的课程标准随时组织修订。

3. 构建了职业发展“立交桥”

TAFE 学院的职业教育体现了终身教育的理念，职业教育不仅是指就业教育，从职业院校毕业并不意味着学习的终结，同样对于完成义务教育的毕业生来讲，进入职业院校学习也并不意味着未来升学道路的终结。“条条大路通罗马”，TAFE 学院构建的职业教育升学立交桥，为职校学生的长远发展铺平了道路。在澳大利亚，义务教育、TAFE 教育以及普通高等教育之间是相互接轨的，完成了义务教育阶段并取得毕业证书的学生可以选择进入 TAFE 学院学习，在各项考核合格并取得相应证书的毕业生，既可以选择直接就业，也可以选择直接升入普通高校进行深造，同时 TAFE 学院与澳大利亚普通高校建立了“学分互认制度”，即在 TAFE 学院所取得的学分可以直接累计计入大学的学分，TAFE 学院学员在普通高校修满学分并达到各项考核合格即可获得相应的证书与文凭。

4. 行业企业参与教学实施

（1）企业参与人才培养。

在澳大利亚，校企合作模式比较广泛，这与政府的大力支持密不可分。1974 年，政府颁布的《坎甘报告》就明确学历教育要与岗位培训结合，校企合作以制度的形式得以确立。1985 年颁布的《柯尔比报告》建立了校企合作的培训体系，明确了正规脱产培训和工厂实习两个环节。2015 年《培训保障法》对资金投入进行了明确规定，雇主的年收入若超过 22.6 万元，必须将工资预算的 1.5% 用于培训员工的职业技能。该法律就行业企业对员工的培训责任和对培训机构的选择权进行了确定。企业依照法律规定，纷纷加大员工技能培训的投入，企业雇员的培训一般采取招投标的方式进行，首先由企业提出培训要求和相关目标，选择培训学校或机构，如 TAFE 学院，专门派出教师与企业进行具体研讨并制定相应的培训计划；与此同时，行业企业还需对学院的实践教学基地加大资金投入，添置并更新设备，保障教学培训需要。

行业企业拥有一批实践方面的技能专家，为充分发挥企业人才优势，企业鼓励他们到学院开展专题辅导、现场指导甚至做兼职教师，尽可能放大人才效益。与此同时，企业还充分创造条件，接纳学院专职、兼职教师来企业参加进修或实地学习，让他们了解企业发展前沿。此外，企业的培训咨询委员会和相关机构还定期或不定期地为教师开班研讨或交流创造条件，拓宽了教师视野，提高了教师队伍素质。

企业支持实训基地建设及顶岗实习，通过投资和捐献旧设备等方式大力支持学院实训基地建设。此外，有些企业还将最新的设备投入基地建设中，并不断更新，用最新的知识和技能武装员工，也为学院的学生实训提供了极好的硬件条件。TAFE 学院的学生实习一般采用以下方式：实训基地培训、企业专家指导和企业实训等。学生在企业实习过程中，学院教师一般不参与具体指导，而是由企业师傅进行培训，教师的作用就是负责了解情况、监督并解决相关问题，这种校企合作模式很好地实现了学院与社会需求的衔接，培养的学生进入社会便能适用，几乎没有过渡期和转换期。

（2）企业参与课程开发。

1992 年，澳大利亚颁布了依据 TAFE 培训包开发职业培训课程的规定，TAFE 学院把课程开发作为进一步服务联系社会的支点，积极与本地的行业企业密切沟通、协调配合，严格按照澳大利亚行业培训顾问委员会所制定的、经国家培训局认可后颁发的 TAFE 培训包开发课程，以适应行业发展最新需要。TAFE 学院在遵循教育教学规律、培训包标准的前提下，依照企业确定的人才需求，与企业共同制定课程教学计划及人才培养目标，确保培养的毕业生始终符合市场的需要。在教学过程中，企业也会积极参与，将企业文化、技术等融入人才培养进程，大力支持技术专家深入课堂一线传授技能、培训师资，紧密加强与学院的合作；为加强教学督查指导，学院还会组织企业相关专家、主管或经理成立专业指导委员会，指导学院的学科能力建设和教学改革等，促进教学效果提升。此外，企业还为学院学生的实践锻炼提供了良好的平台，保证学生了解社会需要。

（3）企业重视实践基地建设。

为提高职业教育与社会接轨能力，TAFE 学院按照精品专业教学要求，大力打造硬件条件优越、优质资源共享的校内实训基地，强化学生基本功训练、技能提升、操作能力和综合素质。校内实训基地模拟企业实际环境，设备使用率高，管理科学规范，很好地体现了情境教学中“教学做”三合一的特点。为弥补校内实训基地某些方面的不足，TAFE 学院还与企业密切协作，打造了优良的校外实践基地。校外实践基地是真实的工作场景，能使学生很好地了解未来职业环境，培育职业意识和能力，锤炼职业精神，获取实际工作经验，大大激发了学生的学习热情，训练了学生的职业敏感度。校企合作培训模式比较灵活，实践培训可以是在职，也可以是脱产，还可以在模拟工作现场培训。学生在企业参加实训时，一般由企业技术人员按照培训包进行培训，学院教师不直接进行指导，而是负责协调和监督，跟踪学生的实训情况，发现问题并尽早加以解决。一些企业还通过投入设备和资金等方式帮助 TAFE 学院加强实训基地的建设，保证学生及时掌握最新技术和知识。据不完全统计，澳大利亚目前已经建立了大约 10 家模拟实训公司，这些公司都由各行业赞助，并且与 300 多个著名跨国模拟实训公司实现了联网。

二、澳大利亚 TAFE 模式对我国职业教育的启示

1. 职业教育要始终坚持能力本位为导向

我国高职院校应积极学习澳大利亚 TAFE 学院的办学模式，取长补短。加强与行业之间的合作，积极邀请行业专家参与职业教育办学，加强彼此之间的密切联系；在课程开发、专业设置、

人才培养目标等方面，积极采纳行业专家代表的宝贵建议；坚持能力本位的人才培养目标，为区域经济发展培养专业技能型人才，针对各个行业不同工作岗位的特点，以岗位群所要求的职业能力为中心，着重培养职业院校学员的实践操作能力；在职业教育培训过程中，突出职校学员的主体性，组织学员进行自主学习与自我评价。

2. 建立健全统一的国家职业资格认证制度

由于我国职业教育尚未建立统一的国家职业资格认证制度，加上教育部与人社部所颁发的证书在认证方面存在差异，致使我国职业技能资格证书存在种类繁多、认证度低、标准不统一等问题。鉴于此，我国高等职业教育应积极借鉴澳大利亚 TAFE 学院的成功经验，教育部与人社部之间应相互统筹，建立统一的国家资格证书制度。由于职业资格证书代表了持证者所具备的知识与能力，因此职业资格证书的发证机构在很大程度上决定了资格证书的权威性与含金量，这就要求我国高等职业教育主管部门应尽早建立统一的职业资格认证制度，并根据不同职业及不同层次的工作岗位将职业资格证书进行逐级划分，高层次工作岗位的从业者需持有高级别的资格证书，而持有初级证书的工作者仅能从事辅助的基础性工作。此外，职业资格证书的发证机关须严格监督职业资格证书的考核流程，杜绝考试过程中的违规行为，这是确保职业资格证书权威性与认可度的关键，同时职业资格证书的考试内容应该突出重点并提高对职业创新能力、实践与应用能力等方面的要求。

3. 搭建职业教育与普通教育沟通的桥梁

普通高等教育与高等职业教育同属于高等教育的范畴，两者之间既有共同点又有不同点。普通高等教育主要培养理论研究型人才，以科学文化知识的传授为主，而高等职业教育主要是培养实践应用型人才。由于理论与实践是相互统一的矛盾双方，所以不论是普通高等教育还是高等职业教育都需要处理好理论教学与实践教学的关系，加强学校之间的紧密联系，搞好普通大学与高职院校的合作办学，充分利用各自优势，共同培养人才。例如，高职院校可以选拔部分毕业生进入普通大学继续深造，以克服职业教育被认为是“终结式教育”的缺陷。同时，近年来随着普通高校毕业生就业压力逐渐增大，高等职业院校可以发挥自身优势为普通高校的学生提供就业指导、短期职业技能培训等，鼓励一部分普通高校毕业生根据自身实际需要到高职院校学习一技之长，以提高普通高校毕业生的就业质量。这样，在普通高校与高职院校的通力合作下，既可以构建高职院校学员升学发展的“立交桥”，又能够帮助普通高校毕业生掌握一技之长，缓解普通高校毕业生就业难的压力。

4. 重视“双师型”教师队伍建设

“双师型”教师的培养需要积极借鉴 TAFE 学院的成功经验：①校企双方应建立普通高职教师与行业技师之间学习交流的平台，并鼓励高职院校在职教师定期到企业进修学习，使他们及时了解目前行业领域的技术进步与发展前景，并在教学中不断作出改进，同时还能利用进修的机会向行业专家们请教一些在日常实践教学中所遇到的实际问题。②深化高职院校与行业之间的合作。首先，高职院校可以聘请行业的技术骨干到高职院校担任实训教师，为高职院校的日常教学活动提供指导，逐步建立以高技能的专业教师为核心的教师队伍。其次，为了提高专业教师的行业实践经验，高职院校的专任教师要深入行业进行实际调研。最后，鼓励高职教师做到产学结合，积极参与行业的技术研发与革新，利用已有知识真正为企业创造出技术成果，在实践中培养教师的专业技能。③优化高职院校教师队伍结构，建立健全“双师型”教师的考评机制，为了吸引行业骨干参与学校实践教学，高职院校应不拘一格扩大聘用行业技术能手担任学校的兼职教师，这样既优化了教师队伍的结构，又促进了专任教师与兼职教师之间的相互交流，同时鼓励在职教师积极参加国家组织的职业技能资格考试，取得专业技能证书。

第四节　美国高等职业教育模式及对我国职业教育的启示

一、美国高等职业教育模式

1. 职业能力本位的培养目标

美国高等职业教育模式中的培养目标体现以职业能力为本位的思想（CBE 模式），CBE 模式教学培养的就是职业能力，其整个教学目标的基点便是如何使受教育者具备从事某一特定职业所必需的全部能力，即教学基础、教学目标、教学流程、教学策略和测评标准等的制定均与职业能力密切相关，它不仅强调职业技术教育要注重综合职业能力的培养，而且还特别强调关键能力的训练以及与他人合作能力的培养。它包括从事某一职业所应具备的操作技能、运用技能所必需的理论知识和工作态度。通过职业能力分析，根据学生掌握职业能力的需要确定教学内容，从易到难安排其学习计划。

2. 面向周边经济进行课程设置

高职学院为满足社区人群就业种类和个人爱好的不同需要，结合周边经济发展需求，实行开设课程清单全部上网，包括儿童教育、建筑结构、艺术设计、装饰园艺、畜牧养殖、机械制造、烹饪艺术、宾馆服务、电影制作等覆盖面非常广的专业领域，涵盖副学士学位课程、岗位证书培训、短期培训班等，许多高职学院都有 20 余种职业学科、近 100 种专业方向，适应不同人群需求，堪称学历超市。加州圣巴巴拉城市学院设 92 种专业方向、圣莫妮卡城市学院设 76 种专业方向、东洛杉矶城市学院提供 69 种专业方向。副学士课程除专业课外，必须学习各州统一课程标准且本科互认的通识课程，美国高等职业教育以学生为中心，其显著特点是满足不同学生的不同求学需求。相当一部分学生注册社区学院然后进行半工半读，学校根据学生的时间来进行教学配置，学生可以自由选择到学校学习的时间，晚上、周末都可以设置自由选课的时间。哥伦布社区学院公开承诺可为学校的学生 24 小时开课，学生也可以选择自主在网上学习。

3. 强调学生自我学习和自我评价

美国能力本位职业教育理论认为，教师是学生学习过程的指导者和管理者，负责按照职业能力分析表所列的各项专业能力开发模块式的学习套件，建立学习信息资源室；学生要按照学习指南的要求并根据自己的实际制定学习计划，采用自己的方式进行学习；学生在完成学习任务后，先进行自我评价，认为达到要求时再由教师进行考核、评定。这就确立了以能力标准为参照，评价学生多项能力的标准参照评价模式。

4. 灵活多样的教学形式

高职学院的教学切实履行“以学生为中心”细致入微的教学及职业生涯服务：专门设有教学指导相关部门，专职教师为学生提供一对一线上线下预约咨询服务，指导如何解决语言学习、选专业、选课程、升学、找工作等问题；学校的图书馆、计算机房对学生开放到晚上 9 点，对于听力、视觉、行走等身体有缺陷的学生，专门设计不同的辅助考试模式；学生可自主选择线上或线上线下相结合上课，线下可以协调安排周一至周五白天或晚上 6 ~9 点上课，甚至双休日上课。线上授课资料由任课教师制作，提供授课视频、文件、图片等辅助教学资料，另安排线下课外辅导和考试时间；如学生已在工作中获得相关的职业技能，则可以按照课程标准通过事先学习成果认证取得证书，无须参加课程学习。

5. 紧密性的校企合作

职业教育与当地经济、社区发展高度吻合，学校与行业联系紧密，有力支持地方经济发展。职业院校的师资大部分来源于行业资深人士，拥有丰富的行业经验，教学针对性强，行业资源丰富，使得教学实用性大大增强。相比本科学院，高职学院多与周边企业开展合作教育（cooperative education），如旧金山城市学院与美联航空公司的合作，为航空机队机械师提供专门技能培训；与太平洋电器公司合作开发劳务项目，直接提供大量的就业人才或继续教育服务。此类合作的广度和深度比本科大学更为密切，具体体现在以下四方面：一是校企软件互通。企业技术人员或高管与学校专职教师间实现互聘，企业在正规教育的人才培养方案、课程标准、教学案例、教学方法等方面进行指导，实现快递式上门服务。二是企业硬件支持。企业在资金、设备方面给予资助，捐助机器设备或为优秀学生提供奖学金，也可在学校或企业共同建立培训中心或合作基地，定点定人定向培训岗位人才。三是短期定制课程。高职学院以企业技师、管理人员为主要对象开设短训班、研讨会或讲座等，学习安排可由学校主导或企业指定，上课时间也非常灵活机动，安排晚上或假期任意时间。四是长期订单培养。为弥补企业用工不足，校企合作实行订单培养计划，学生与企业签订就业合同，企业为学生支付学费。学生经学校同意在教学计划内或课余时间到企业工作，实习成果经考核后可转为学分，有时还可获得一定的劳动报酬。

二、美国职业教育模式对我国职业教育的启示

1. 确立“以人为本”的教育思想

美国高等职业教育培养的毕业生之所以受社会欢迎，主要原因是毕业生掌握了生产实用技术，动手能力强、有较好的劳动习惯和职业道德。在“以人为本”、尊重个性的教育思想指导下，美国高等职业教育高度重视培养人才的综合职业能力和素质，把学生从工具主义培养方式转变到人文主义培养方式上来。行动源于思想，我们要借鉴美国高等职业教育模式的成功经验，从教育理念上更新，确定好的教育思想对推动我国高等职业教育模式的研究与改革创新具有十分重要的先导作用。

2. 以市场为导向，科学设置专业

美国高等职业教育取得成功的另一个重要原因，就是办学目标明确，能够根据本地区的经济发展和社会需求，培养市场需要的各类人才。因此我国高等职业教育模式改革必须根据自身特点，加强其专业方向的职业定向性和针对性。在专业设置上，一是要树立市场意识。高等职业院校的生存基点在于市场，因此，必须以市场为导向，充分考虑人才市场发展的需求，搞好市场调研，结合自身实际，为市场培养合格人才，满足社会经济发展的需要。同时随着毕业生就业市场的好转，学校生源也就有了保障，从而形成良性循环。二是专业设置要有特色，有品牌意识。对各院校共有的专业，要以质量、信誉取胜，实施名牌战略，把

自己的专业做强。而对人无我有的专业，要办出特色，建立特色培养目标和培养模式，从而成为独具一格的高等职业院校。

3. 引入产学研相结合的模式

产学研相结合是美国社区学院主要办学模式，我国高等职业教育培养目标明确指出，“高等职业教育为行业、企业的生产、建设、管理一线培养应用型人才，并把满足行业、企业的需求作为始终追求的目标。”因此，高等职业教育的发展必须坚持开门办学，整合社会资源，才能实现产教研相结合的办学模式。为此，高职院校聘请管理者和专家来校讲课或举办讲座，以弥补校内教师实践经验不足的缺陷，并组织教师、学生定期到相关部门或企业参加实践，以期拉近学校和社会的距离。二是诚请一些专家学者来学校讲学或举办讲座，开拓师生的视野，鼓励教师参加学术活动或与校外人员合作完成项目。三是聘请校外专家做学校发展及专业建设的顾问。四是通过与国外大学合作办学，选派教师到国外留学进修，并通过在国外高校进行学术交流等多种方式和途径，与国外高校建立密切联系，培养与国际接轨的技术应用型人才。由此通过社会资源的整合，可建立起学校、企业、行业产学研紧密合作的有效运行机制，实现学校、企业和学生的“三赢”效果。

4. 强化“双师型”教师队伍

美国各高职院校对教师除要求有学历证书和教师资格证书之外，还特别强调职业技术教师的实践经验。培养的毕业生之所以受欢迎，与教师的作用密不可分。教师是办学的主体，是造就人才的工程师。教学质量的高低关键取决于教师水平的高低，没有强大的教师队伍，人才培养将变成空谈。因此，高等职业教育建设要把师资队伍建设放在首位。高等职业教育是职业教育中的一个层次，又是其重要组成部分，是兼有职业教育和高等教育双重属性的高等教育，其性质决定了高等职业教育的教师具有独特的职业内涵，既有扎实的理论知识，又有丰富的实践经验和较强的岗位技能，也就是既要有相应的教师资格证书，又要有相应的职业岗位资格证书，即“双师型”教师。

第五节 新加坡高等职业教育模式及对我国职业教育的启示

一、新加坡高等职业教育模式

1. 服务于经济发展的专业建设思路

新加坡高等专业教育模式下，其专业的开发都是以服务于经济发展以及产业发展规划为依据的，其专业的开设具有市场适应性和未来前瞻性两种典型特征。其中新加坡的理工学院所开设的专业普遍具有前瞻性，与经济发展预期和市场需求的联系程度更为密切。专业的开发是基于国家的经济发展需求，新加坡共有5所公办理工学院，每所理工学院新开设的专业都是以经济发展及产业发展规划为依据，并根据未来三年该行业从业人员的数量预测，来制定相应的招生规模。从专业建设的角度看，以南洋理工学院电子信息工程专业为例，它们专业课程体系当中的许多教学项目是政府部门、行业领先企业的委托项目，这些项目涉及专业领域内的领先乃至超前技术，项目成果为政府部门、企业所运用。这样的专业建设思路非常值得我国学习，高等职业教育的专业开设必需具有这样的特征才可能有市场适应性。

2.“以生为本”的教学理念

新加坡职业教育“以生为本”的教学理念贯穿于整个职业教育的过程中，在教学过程中倡导“做中学、学中做”，真正实现“教、学、做、评”为一体。新加坡的理工学院尽管在教学方法上各具特色，但是其教学过程都体现了“学生主体、教师引导”的教育教学理念。教育过程中注重学生动手能力的培养和创新思维的开拓，让学生先进行实践，再带着问题去思考去探究，倡导学生在学习过程中必须首先学会动手做，然后再慢慢弄懂其所以然。学生成为信息的构建者和评论者，在实践的过程中知道怎么做，从而培养深入的、宽广的、反思的创造性思维，找到改进自我和同伴的方法。而教师则是信息的导航者，回答学生的提问并分析信息，引导学生发现怎么做，朝着评估自我和同伴的方向迈进。

3.“双师型、学习型”教师队伍

新加坡理工学院的“双师型、学习型”教师队伍建设成效明显，主要有以下几方面的显著成效：①教师选拔方面，非常重视教师的实践经历，新进教师必须有 5 年以上相关工作经验，为此，学校会积极主动地从企业物色符合要求的师资，并且将业界精英引进学校，这些业界师傅到学校工作后还保持着与相关企业的密切联系，他们在校时教学、到企业时解难，是能力非凡的“双师”。②教师考核方面，学校是重能力轻职称，对教师的考核以工作能力和工作业绩为依据，而并非以职称作为教师业绩考核的主要标准，这样就可以很好地引导教师提升自身的工作能力。③教师能力提升方面，通过建立终身进修制度，定期安排教师到企业学习。以南洋理工学院为例，该校明确规定每个员工平均每年必须有25天的培训时间，其中很重要的形式之一就是到企业进行短期培训。通过这种定期的培训进修，不仅使得教师能够紧跟行业发展趋势，不断更新自身知识结构，提升业务能力，也造就了一支“学习型”教师队伍。④教师社会服务方面，教师通过定期去企业进修或是在校内做项目的方式，为企业或政府部门解决有关技术难题，进行企业技术创新、产品开发等。以南洋理工学院为例，该校通过“教学工厂”这一平台，由教师与企业共同进行企业技术创新、产品开发等方面的研究。通过这些项目，学校既有效服务了区域经济社会发展，也提升了教师自身的水平。

4.“无纸化”数字校园

新加坡的理工学院普遍采用“无纸化教材”“活页教材”，除了在图书馆中可以找到纸质图书外，其他地方鲜有见到纸质图书。以共和理工学院为例，该校的一个特点就是“无纸化校园”，一方面，学生上课时，都是自带笔记本电脑，老师每堂课所设定的问题及相关辅助性资料都会在校园网页挂出，学生可自行下载。另一方面，教师没有固定的教材，每门课程的教案由15个问题构成，同一门课程的问题由课程开发团队开发，课程负责人负责课程开发、实施、评价的策划与宏观调控；出题工作由熟悉课程内容、拥有相关工作经验且充分了解学生的老师承担；审题人负责对问题的审核。每门课程的教案由课程团队开发，教课的教师在实施之后及时反馈，据此不断完善更新。这种没有“刚性教学内容”的教材，方便了老师更新教学计划、教案、教学内容，也保证学生学习到最前沿的知识，特别是现今的信息化时代，让学生所学到的知识具有前沿性、实用性尤为重要。当然学校也给“无纸化”教学提供了方便，全校都覆盖无线网络，包括教室、图书馆、走廊、食堂、楼梯间等各个角落，真正做到了“无纸化”数字校园。

二、新加坡职业教育模式对我国职业教育的启示

1. 完善人才培养方案

我国高职院校在制定与修订专业人才培养方案时，应适当借鉴新加坡职业教育模式。一方面，高职院校的人才培养定位一定要紧密围绕产业转型升级，培养具有创新精神的技术技能型人才，服务于我国产业转型升级和经济发展。建议高职院校构建“平台 + 模块”的课程体系架构，构建专业群通用、职业方向和职业拓展三个平台，职业方向平台可以设置专业模块、复合型发展模块和创新创业模块，既考虑到学生专项发展、交叉复合发展，同时也关注学生创新创业意愿，既能够拓宽学生的知识面，也能够注重学生的个性化发展。“平台 + 模块”的专业人才培养

方案比较符合市场需求，职业方向平台比较容易随着社会的需求而灵活变化。另一方面，在实践项目的安排上，我国高职院校在制定或修订人才培养方案、课程标准时，经过专业教研室和课程组深入讨论后，可适当增加一些项目，以保证项目的合理性和科学性。教研室、课程组在制定课程标准时要着力改革课程考核方式，实现由知识考核向创新、技术、技能评价的转变，这也是高职院校实施教育综合改革、提升教育教学质量的重要突破口。

2. 树立“以生为本”的教学理念

学校和教师都要树立“以学生为中心”的教学理念，改变传统的“先理论，后实践”教学模式，采取应用型学习，实行“先用后懂，少讲多做少教多学”的教学方法，倡导做中学、探究性学习、合作中学习、反思中学习，将实践与理论充分融合，实现“教、学、做”一体化，培养学生的学习能力以及独立思考问题、分析问题和解决问题的能力。

3. 打造“双师型、学习型”教师队伍

新加坡的高职教育教师队伍建设，不仅在选拔人才时要求具有企业工作经验，打造“双师型”教师队伍，而且非常重视对教师的培训与深造，这种常态化的定期培训与进修制度，成功打造了“学习型”教师队伍。我国高职院校在师资队伍建设上，也正在朝着“双师型”教师队伍这一目标努力。我国高职可以借鉴新加坡师资培训的成功经验，结合各自实际，正确分析教师队伍的现状，在教师队伍的建设上，调整重心，着力突出高等职业教育的特色，一是要定期将专业课教师轮流送到企业特别是国际知名

企业去实践，及时了解新技术的发展，了解企业对人才的需求；二是在经济上采取一定的激励措施，鼓励教师参与项目合作或自行开发；三是加大师资培训的力度，鼓励教师在职进修学习，不断更新知识结构；四是定期在教学岗和项目岗上进行教师轮换，使教师拓宽知识面，努力提高技能水平。

4. 加强数字化校园建设

信息化时代，知识更新的速度不断加快，为此，我们要改变传统一支笔、一本教材、一张试卷的教学模式，探索现代化教学模式并进行配套的基础设施建设，打造数字化校园。一方面，要充分利用多媒体、网络教学平台等现代教学手段与媒介实施现代化教学；另一方面，为促进现代化教学模式的顺利实施，建设并完善配套的基础设施，如现代化的教室、无线网络覆盖的图书馆、食堂、走廊等。

第四章

“X”证书制度背景下高职财会类专业人才需求分析

大数据时代的到来，进一步推动了数字经济的快速发展，社会经济不断变革，企业业务不断拓展，且呈现出网络化、高速化、透明化以及全球化的多元特征。在此浪潮之下，各行各业的会计人员都开始慢慢运用大数据相关工具以提高会计工作效率，这对传统高校的会计专业教育提出了新要求。《会计改革与发展“十三五”规划纲要》为持续实施会计改革与发展战略，引领会计行业在新阶段实现更高质量的发展打下了坚实基础。分析“X”证书制度背景下财务类专业的人才需求实际情况，对于完善“X”证书背景下高职财会类人才培养方案具有重要的基础性作用，否则相应的人才需求方案便失去了制定的依据，人才培养的效果将会大打折扣甚至出现“误人子弟”的严重后果，前期的需求调研要综合多方面的意见和建议，通过对行业、研究机构、企业、院校教师、毕业生五个层面展开调研，更加全面地了解目前会计行业的具体变化和企业用人需求，尤其是对毕业生知识、素质和能力的要求。进一步了解大数据与会计专业毕业生以及大数据与财务管理专业等财会类相关专业学生的就业状况和工作情况，以及相关兄弟院校人才培养定位和课程体系，在分析相关岗位对学生知识、素质、能力具体要求的基础上，为大数据与会计专业以及大数据与财务管理专业等相关财会类专业人才培养方案的修订提供参考和依据。

第一节 调研内容及方法

一、对行业的调研

以文献查阅、材料搜集为主要调查方法，结合高等职业教育权威研究评价机构、高等职业院校状态数据库、权威媒体、统计数据库等数据源，着重调研财会类行业国内外发展的总体形势；“互联网＋”、大数据、财务共享等新趋势下财务管理行业有关技术技能领域的变化；财会类行业职业岗位设置情况；财会行业人才结构现状及未来需求等方面。

二、对企业的调研

通过走访实地调研了40余家企业的财务总监或财务经理。

通过资料调研，了解了财政部对财务人员发展规划、麦可思公司对职业教育相关专业的统计分析、国家会计学院对财务人员的发展分析等。通过网站调研，访问前程无忧、智联招聘等招聘网站，在抓取招聘会计人员的财务会计、总账会计、成本会计、税务会计、主办会计、财务经理、财务主管、高级财务专员、财务总监、财务分析、财务 BP、财务专员等岗位的 15 余万条信息后，进行大数据分析。通过网站调研，搜集整理全国开设大数据与会计专业的 1616 个专业点的高职院校网上数据。通过问卷调研，回收高校教师调查问卷 242 份、毕业生调查问卷 3460 份、企业调查问卷 378 份。

三、对学校的调研

以实地走访、网络问卷和电话访谈为主要方法，对专业基本情况、人才培养思路、专业课程体系、专业师资队伍结构、专业实验实训开展情况、专业校企合作的有益实践、专业基于“互联网 +”所实施的教学改造、专业核心课程开设的建议、财务管理专业人才培养的建议等方面进行调研。

四、对毕业生的调研

以实地走访、网络问卷调查和电话访谈为主，对毕业生基本情况、工作满意度、职业发展需求、学校人才培养的评价、财会类专业人才培养的建议等方面进行调研。

第二节 调研结果分析

一、行业调研结果分析

1. 财会类行业发展现状

“互联网＋”时代是以大数据发展为前提的，大数据时代，企业在提升整体竞争力的同时要努力完善内部管理机制，尤其是财务创新管理机制。在信息化时代，技术的应用水平往往会飞速提升，这一点在财务部门尤为显著。如今，以人工智能、机器学习和云计算为特征的自动化应用在财会部门不断拓展。事实上，2020年之前，针对日常重复性任务的自动化技术应用已然在财务部门悄然兴起，但持续肆虐全球的新冠疫情，特别是供应链的中断，促使财会专业人士日益关注分析、预测和战略决策，而不是仅仅停留在做账方面——这也是推动自动化趋势不断普及的一大动力。当下，各个组织比以往任何时候都需要财务人员具备大局意识，对局势的动荡了然于胸。得益于此，领先财务组织对云计算领域的投资在2020年第一季度之后出现了迅猛增长，为实现自动关账和审计创造了绝佳条件。尽管企业距离最终实现技术转型仍欠火候，但“开弓没有回头箭”。可以预见，未来自动化的步伐将进一步加快。

国外的财会类专业发展趋势主要表现在三个方面：一是财

会类专业与大数据相结合。财会类专业对信息的需求使其必须与现有的大数据技术结合。二是财会类与云计算相结合。云计算技术着重数据的自我计算功能，能够将收集而来的数据进行更为细致的整合和分类操作，简化过程，提高效率，同时能够帮助财会类对企业对各项经营活动进行及时、准确地控制，减少经营中出现的各种风险。三是财会类专业必将与人工智能相结合。

从国内看，一方面，我国已开启了向第二个百年奋进的新征程，经济增长已由高速增长阶段转向高质量发展阶段，制度优势和治理优势不断凸显，市场配置资源的决定性作用显著增强，公平的营商环境持续优化，宏观经济政策不断完善，宏观治理手段不断丰富。会计信息在经济发展、营商环境优化和宏观经济决策方面发挥着越来越重要的作用。另一方面，随着新一轮科技革命和产业变革深入发展，经济转型升级和创新发展中新的商业模式层出不穷，将深刻影响会计政策的发展与走向，会计工作在职能职责、组织方式、处理流程、工具手段等方面都发生着重大而深刻的变化，挑战与机遇并存。面对这些新情况、新问题、新挑战、新机遇，会计法治、会计标准要不断健全完善并有效实施，会计人员要持续提升素质、加速转型，会计管理部门要继续转变观念、创新管理、改进方法，准确把握新发展阶段、深入贯彻新发展理念、加快构建新发展格局，助推会计工作运用新技术、融入新时代、实现新突破，扎实推进会计改革与发展各项工作，助力国家治理体系和治理能力现代化。

2021 年 9 月 30 日，财政部会计司根据《中华人民共和国国民经济和社会发展第十四个五年规划和 2035 年远景目标纲要》

和《会计改革与发展“十四五”规划纲要（送审稿）》的有关要求，发布了《会计行业人才发展规划（2021～2025）（征求意见稿）》，规划指出，我国会计人才队伍规模稳步增长，整体素质明显提升。截至2020年底，我国共有670.20万人取得初级会计专业技术资格，242.02万人取得中级会计专业技术资格，20.57万人通过高级会计专业技术资格考试；我国注册会计师行业从业人员近40万人，会计师事务所合伙人（股东）3.6万人。会计人才队伍规模不断壮大，人才结构不断优化，人才竞争力明显提升。从单位性质看，几年前国有大型企业、国家公务员、事业单位、党政机关对会计专业人才需求较旺；而近两年，这些单位对于会计人才的需求趋于稳定，民营企业的快速发展使其对会计人才的需求快速提升。据了解，目前企业的财会人员职位分为三个层次，第一个层次是基本财务，第二个层次是财会人员参与企业的经营和决策活动并掌握一定大数据和人工智能的技能，第三个层次是财会人员参与企业的对外投资，以及资本运作等其他方面的高层次财务管理工作。而我们高职会计类专业培养的学生目前基本停留在第一个层次。

2. 财会类行业发展趋势

财政部在《会计行业人才发展规划（2021～2025）》中明确，“十四五”时期是我国开启全面建设社会主义现代化国家新征程、向第二个百年奋斗目标进军的第一个五年。我国将实施更大范围、更宽领域、更深层次对外开放，在建设高水平开放型经济新体制，推动经济社会高质量可持续发展中，会计工作作为一种管理活动和治理手段，需要会计人才在构建国内大循环为主体、国内国际双循环相互促进的新发展格局中发挥更大作用。同时，以信息技术、数字技术、人工智能为代表的新一轮技术革命将加快推动战略性新兴产业、现代服务业、数字经济等发展，促进先进技术与传统产业结合，会计作为重要的现代服务业，转型升级将更好地服务经济发展。

"十四五"时期要把握数字化、网络化、智能化融合发展的契机，促进会计学科与其他学科的交叉融合，从师资、课程、教材、教学内容、教学方式和实践基地等方面进行以战略思维、业财融合、数字智能为导向的教改研究和探索，推动产学研一体化发展，加强会计诚信文化建设，增强会计职业教育适应性，进一步完善培养机制，培养适应经济高质量发展的高层次新型财会人才。

目前国内财会类人才市场逐渐呈现出两极分化的趋势，一方面普通财会类人才严重饱和，另一方面决策支持型高级财会类人才严重短缺，财会类人才结构与当前经济社会发展的需求不相匹配，特别是伴随着国际化进程的加快，大量复合型财会类人才的需求日益迫切。2016 年《管理会计应用指引》的出台，标志着从事传统低端财会类工作岗位职业的人才需要大量向决策支持型管理会计人才转型。在人工智能与财务共享模式下，大量的会计基础核算等低附加值作业劳动被集中起来，由此释放了大量的基础财务管理人员，这部分被释放的财务人员需要集中精力去从事所谓的业务型财务和战略型财务，尽快实现财务与业务、战略的一体化，这也让基础性财务管理人员的转型升级面临较大压力。

3. 行业发展对人才需求的影响

“十四五”时期是我国全面建成小康社会、实现第一个百年奋斗目标之后，乘势而上开启全面建设社会主义现代化国家新征程、向第二个百年奋斗目标进军的第一个五年，会计人才工作面临新的机遇和挑战。从机遇来看，一是我国已转入高质量发展阶段，加快构建以国内大循环为主体、国内国际双循环相互促进的新发展格局，推进国家治理体系和治理能力现代化，将促使广大会计人才在挖掘经济增长潜能、优化经济结构、加强财会监督、防范化解重大风险、提升会计服务业发展能力和竞争力以及推动经济社会持续健康发展等方面发挥更大作用。二是我国将深入实施新时代人才强国战略，加快建设世界重要人才中心和创新高地，深化人才发展体制机制改革，加快建立以创新价值、能力、贡献为导向的人才评价体系，全方位培养、引进、用好人才，为我国会计人才干事创业营造更加积极的政策环境。

从挑战来看，一是以信息技术、数字技术、人工智能为代表的新一轮技术革命催生了新产业、新业态、新模式，对会计理论、会计职能、会计组织方式、会计工具手段等产生了重大而深远的影响，在人工智能与财务共享模式下，需要会计理论工作者加强会计基础理论研究，推动我国会计理论创新发展；需要会计实务工作者深入应用新技术，推动会计审计工作数字化转型；需要会计管理工作者加强会计数据相关标准建设，推动会计数据资源开发利用。财务共享与人工智能倒逼财务人才转型升级。二是我国会计人才队伍区域发展差异较大，结构性失衡问题仍然存在，中西部地区会计人才队伍整体素质有待提高，基层行政事业单位会计力量亟须增强，高端会计人才仍然匮乏，难以满足高质量发展对创新型、复合型、国际化人才的要求。

二、企业调研结果分析

1. 高职学生就业岗位集中度较高

从企业相关就业岗位设置来看，主要有出纳岗、会计核算岗、成本管理岗、税务管理岗、往来款管理岗、稽核内控岗、会计主管岗和部门管理岗，每个岗位还有进一步的细分岗位，并有相应的工作任务和所需的职业能力，具体如表4.1所示。

表4.1　　专业核心工作岗位职业能力要求

岗位名称	岗位细分	工作任务	职业能力
出纳岗	现金出纳	现金收付；编制现收、现付凭证；登记现金日记账；现金盘点；现金相关资料保管、装订及归档	(1) 能熟练办理现金收支结算业务；(2) 能明辨现金的真伪；(3) 能按照规定保管现金；(4) 能按照规定登记现金账目；(5) 能按照规定核对现金；(6) 能正确处理在现金结算过程中出现的差错；(7) 能正确进行印章及各相关资料的保管和整理
	银行出纳	银行账户管理；银行存款收支；编制银收、银付凭证；银行存款对账；银行贷款办理；银行相关资料保管、装订及归档	(1) 能熟练办理银行结算业务；(2) 能明辨各种银行结算票据的真伪，做好账户管理；(3) 能按照规定保管各种结算票据；(4) 能按照规定登记银行存款日记账；(5) 能按照规定核对银行存款；(6) 能按照规定办理银行贷款事项；(7) 能与银行进行良好的沟通，有助于维持和谐的银企关系；(8) 能正确进行各相关资料的保管和整理

续表

岗位名称	岗位细分	工作任务	职业能力
会计核算岗	凭证制单	编制记账凭证；登记会计账簿；会计资料保管、装订及归档	（1）能明辨各种经济业务原始单据的正确性、完整性、合理性和合法性；（2）能正确判断各种原始单据所反映的经济业务内容、性质和类型；（3）能按照会计规范正确计量各种经济业务；（4）能按照企业会计准则确认、计量企业发生的各种经济业务；（5）能正确理解企业产品的生产工艺、生产流程、生产规程、加工方法；（6）能与各相关人员进行良好的沟通；（7）能正确进行各相关资料的保管和整理
成本管理岗	存货管理	存货出入库管理；存货成本核算；存货盘点；存货报表；存货分析	（1）能正确进行存货出入库相关的账、表、单管理；（2）能结合企业经营管理的特点和要求，采用灵活合理的方法正确计算存货成本；（3）能正确进行存货盘查和相关处理；（4）能正确编制存货报表；（5）能进行存货的分析工作
	成本管理	成本分配与计算；成本报表；成本分析；成本管控	（1）能结合企业经营管理的特点和要求，采用灵活合理的方法正确计算产品的成本；（2）能正确编制成本报表；（3）能撰写成本分析报告；（4）能根据成本报告分析成本升降的原因，进行成本管控
税务管理岗	税务管理（含涉外业务）	涉税业务办理；税款计算及纳税申报；税收筹划；税务检查；出口退税管理	（1）能顺利办理企业税务登记、发票申购、优惠备案等涉税业务；（2）能按照国家税收法规及相关政策正确计算应纳税费；（3）能熟练进行税收网络申报；（4）能进行税收筹划；（5）配合税务机关做好税务检查；（6）能与税务机关进行良好的沟通，维持和谐的税企关系；（7）能正确办理出口退税业务
往来款管理岗	往来款管理	往来合同管理；往来对账；往来报表；往来催收；往来分析及坏账处理	（1）能正确进行合同等往来资料的保管和整理；（2）能与对方单位进行良好的沟通，正确进行往来对账；（3）能正确编制往来报表；（4）能根据往来报表及时进行往来催收；（5）能撰写往来分析报告，并对坏账提出处置建议

续表

岗位名称	岗位细分	工作任务	职业能力
稽核内控岗	内部审计	编制内部审计计划；实施内部审计实施；撰写内部审计报告；建议内部控制改善；配合外部审计工作	（1）能根据公司实际，编制恰当的内部审计整体计划和项目计划；（2）熟悉审计程序，能收集恰当的审计资料和审计证据；（3）能撰写客观、完整、清晰、具有一定价值的内部审计报告；（4）能对公司内部控制的持续改善提出合理建议；（5）能协助外部审计人员，完成各项外部审计工作；（6）能规范整理审计资料，保管审计档案
会计主管岗	总账报表	审核会计凭证；核对会计账簿；编制会计报表；撰写财务分析报告	（1）能正确审核各种记账凭证；（2）能正确核对账簿并结账；（3）能正确编制会计报表，并会选择和披露相关报表附注信息；（4）熟悉报表分析的指标体系；正确进行财务分析的撰写；（5）及时按规定采用书面和网络系统向相关信息使用者报送财务报告；（6）能进行会计资料管理和使用
	资产管理	资产购置、报废、毁损及出售办理；资产折旧或摊销计算；资产盘点；资产报表；资产分析	（1）能正确进行资产购置、报废、毁损及出售相关的账、表、单管理；（2）能结合企业经营管理的特点和要求，采用灵活合理的方法正确计算资产折旧或摊销；（3）能正确进行资产盘点和相关处理；（4）能正确编制资产报表；（5）能进行资产相关的分析工作
部门管理岗	财务经理/财务总监	会计制度及政策制定；会计人员管理；资金管理；资产管理；投资管理；收益管理；预算管理	（1）能根据国家财经法规政策，制定适合企业经营管理的会计制度和政策，保证企业会计工作的顺利实施和持续改善；（2）能聘用合格的会计人员，并对权限、岗位责任进行准确、合理的划分；（3）能科学、公正地考评会计人员；（4）能及时、合理、高效的筹集资金，并进行科学的调配；（5）能在企业重大资产、重大投资和收益管理中提出自己的专业性建议，控制风险和获取收益；（6）能主持公司预算的编制、执行、分析，对持续改进公司管理发挥重要作用

从高职财会类学生岗位集中度来看：高职财会类专业毕业生主要集中在出纳、财务会计核算、成本管理、纳税申报、财务分

析等工作岗位，少量毕业生会从事预算管理、投融资管理、税收筹划、风险管理、项目管理、仓库管理、客户经理、银行柜员等工作岗位。其中出纳岗位占比达到24.24%，财务会计核算岗位占比37.37%，纳税申报占比15.15%，成本管理占比19.19%，财务分析岗位4.04%（如图4.1所示）。可见高职毕业生的就业岗位相对集中在基础性工作岗位上，其需要的专业技能首先是具备扎实的会计理论功底，能够对业务进行正确的核算，其次是具备一定的管理能力。这就要求我们在平时的人才培养过程中注重学生最基本的会计职业技能培养，保证其可以胜任基本的会计基础类工作，另外需要注重学生可持续发展能力的培养，使其会计职业生涯具有可持续性。

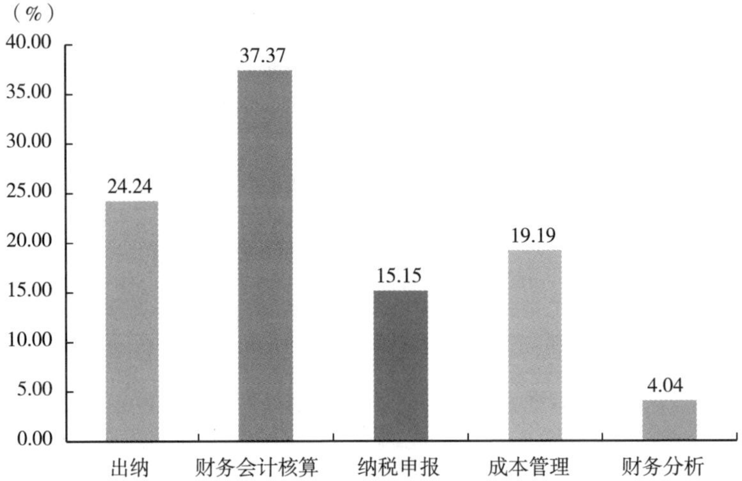

图4.1　毕业生主要就业岗位占百分比

从不同规模企业对会计人才的需求分析来看：其岗位设置存在较大差异。数据显示成长型企业（雇员规模在50～500人）对会计类岗位的人才需求最为旺盛，达到40%以上；中型企业

（雇员规模在500～5000人）需求量达到27%，这类企业无论是向大型企业发展还是进行数字化转型，都需要会计人才的支撑；大型企业（雇员规模在5000～10000人及以上）近年来建设财务共享服务中心较多，对基础核算岗位的需求在下降，对业务财务和战略财务的需求逐渐增加，这部分人才一部分来源于企业内部财务人员转型，另一部分来源于外部招聘，会计为企业战略发展创造价值的趋势越来越明显。近几年，以财务云为代表的新兴技术的应用，以及越来越多的财务共享服务中心的建设与运营催生财务组织和岗位的变革，以共享财务、业务财务等为代表的许多新兴岗位应运而生。财政部颁布的34项《管理会计应用指引》中明确，企业发展转型过程中要加强内部管理的需求，催生会计职能由财务核算向业财融合和管理会计转型，预算管理、财务风控管理等中高端管理会计及战略财务岗位成为企业高度关注的岗位。

从岗位人员结构来看：用人单位可以根据会计业务量和会计人员配备情况，进行岗位人员结构设置。根据岗位职责的不同，会计人员大致可分为几种类型，包括：①基础会计：主要从事出纳、费用报销、开票等工作；②中级会计：从事成本会计、总账会计、税务会计、结账等工作；③管理会计：独立应对预算、财务分析、项目管理等工作；④高级会计：能提出系统性思维解决财务规范化、内控建设等问题；⑤顶尖会计：策划投融资方案、对接资本市场。

2. 企业对高职财会类毕业生能力需求及评价

（1）通用能力需求及评价。100%的企业注重敬业精神、道德品质、合作能力和学习能力，被调查者认为学习能力在工作中是最重要的能力之一。随着市场的发展，企业财务数字化和ERP、MIS、大数据、人工智能等系统的推广应用，对会计人员的学习能力和适应变化的能力提出了更高要求。在大数据环境下，各种学习资源可谓层出不穷，学生的自主学习能力就显得尤为重要，其能够帮助学生自主探索会计学知识，有效提升自身的会计综合技能，使学生真正成长为大数据环境下的适配性会计人才。91.6%的企业注重沟通能力，被调查者认为沟通能力在工作中非常重要。一个企业的财会部门掌握着企业的经济命脉，财会人员的一个重要任务就是在经济工作的重要关口当好领导的参谋。因此，财会人员必须具备较强的人际沟通能力，不但要同本单位人员交往，而且要与银行、税务、审计等部门进行广泛联系。由此可见，社会衡量人才的标准已经发生变化，社会活动能力被纳入重要位置。企业认为，作为一名合格的从事财务会计或审计工作的人员，还需要具备很强的平衡协调能力，这是由其职业在现代社会或企业中的重要地位和其与社会、企业其他有机组成部分之间的微妙关系所决定的，这种能力直接关系到其工作成果的好坏，直接影响到其生存发展的机会和可能。63.4%的企业注重创新能力，65.1%的企业注重抗压、适应能力，45.5%的企业注重自我约束能力，43.7%的企业注重文字表达能力。如图4.2所示。

从调研结果来看，高职院校财会类专业毕业生的学习能力、业务能力和适应能力以及沟通能力普遍能够被用人企业认可，受访者认为团队合作能力是财务人员的重要能力，要求员工要具有组织管理能力，能处理好人际关系，既能领导别人也能被别人领导。良好的人际关系对团队来说有着重要意义，它有助于加强团队成员之间的团结，营造轻松的工作环境，提高工作效率，实现团队的整体效应。企业同时普遍认为毕业生的创新能力欠缺，敬业精神需要进一步提升，毕业生的抗压能力、合作能力和实践操作能力需要进一步提高。如图 4.3 所示。

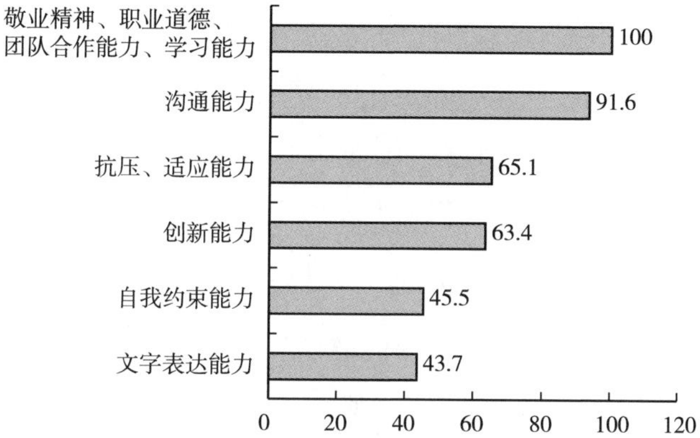

图 4.2　企业注重的通用能力需求占百分比

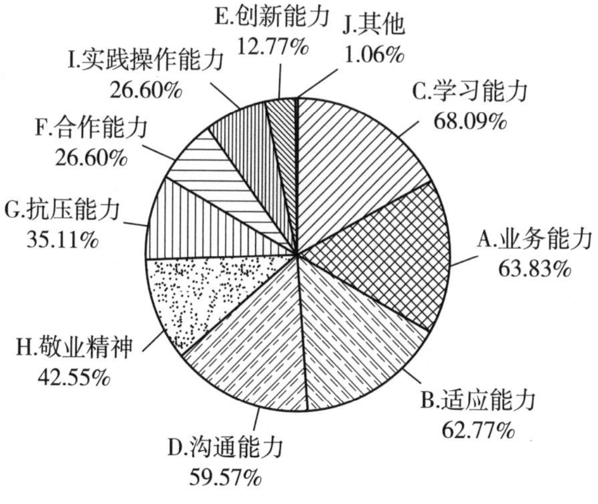

图 4.3　毕业生通用能力素质企业认可度

（2）专业能力需求及评价。调研发现，60%左右的企业对财会类职业的会计核算业务、财务软件操作、财务分析能力非常重视，30%~40%的企业对财经法规知识、出纳结算、纳税申报、纳税筹划、EXCEL应用等技能比较看重，仅有20%左右的企业认为财务决策、风险管理、项目文书写作等技能非常重要。被调查者表示最看重会计专业人才的会计分析能力，78.16%的被调查者表示最看重会计专业人才的财务管理能力（如图4.4所示）。从调查结果中可以看到，无论是会计分析能力还是财务管理能力，都不再仅仅局限于具体某一项专业素质，而是能够融合会计、审计、税务等综合知识的全方位高素质人才。具体包括以下几个方面：一是资金运作分析，根据公司业务战略与财务制度，预测并监督公司现金流和各项资金使用情况，为公司的资金运作、调度与统筹提供信息与决策支持。二是财务政策分析，根据各种财务报表，分析并预测公司的财务收益和风险，为公司的业务发展、财务管理政策制度的建立及调整提供建议。三是经营管理分析，参与销售、生产的财务预测、预算执行分析、业绩分析，并提出专业的分析建议，为业务决策提供专业的财务支持。四是投融资管理分析，参与投资和融资项目的财务测算、成本分析、敏感性分析等活动，配合上级制定投资和融资方案，防范风险，并实现公司利益的最大化。五是财务分析报告，根据财务管理政策与业务发展需求，撰写财务分析报告、投资财务调研报告、可行性研究报告等，为公司财务决策提供分析支持。

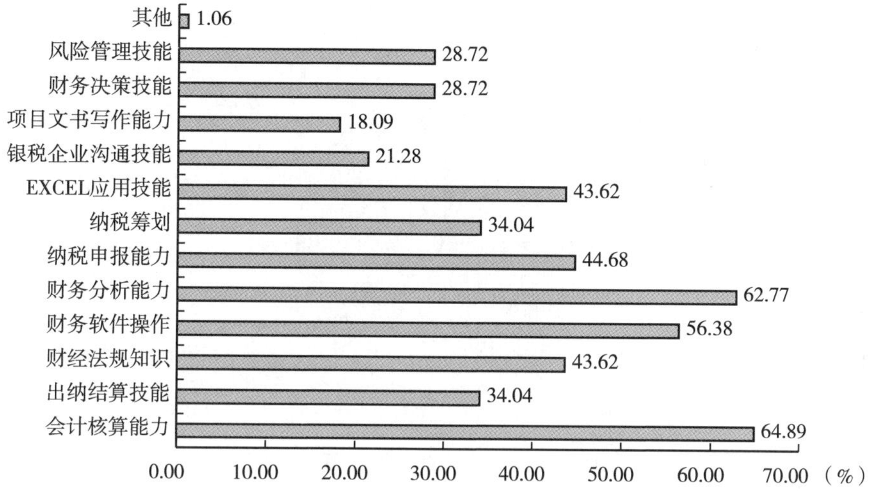

图 4.4　企业注重的专业能力需求占百分比

在调查中同时发现，目前有不少单位已经开始使用 RPA 财务机器人，此类单位均表示财务机器人的使用极大地提高了会计工作效率。因此，对于大数据与会计专业群的学生来说，做好必要的大数据和人工智能相关知识储备在当下尤为重要。

通过调研，用人单位认为高职院校财会类专业毕业生的能力缺陷集中在复合型知识薄弱、国际化视野不够、英文水平较弱等方面（如图 4.5 所示）。

3. 企业希望应聘者能取得职业资格证书和相关“X”证书

调研结果显示，企业希望应聘者取得的职业资格证书和相关“X”证书分别如表 4.2 和表 4.3 所示。

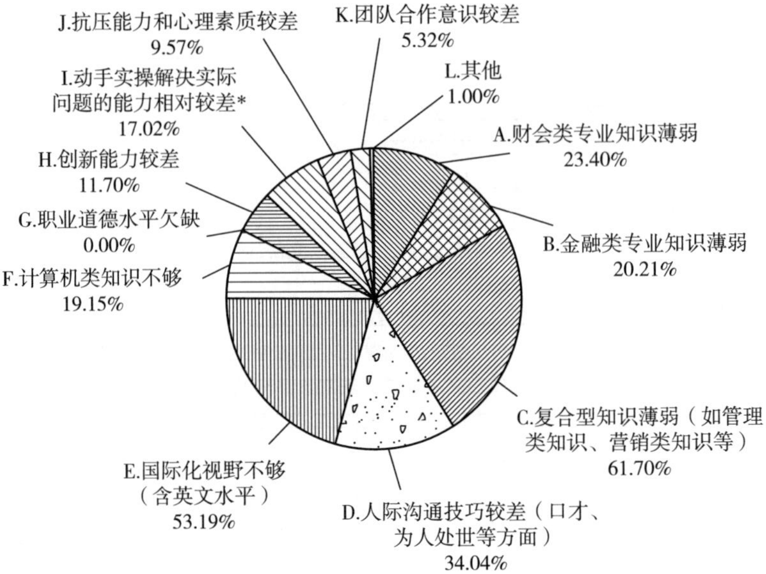

图 4.5　高职财管专业毕业生能力缺陷分析

表 4.2　　　　　　　会计职业核心岗位职业资格证书

序号	核心岗位职业资格证书	颁证部门	可获取情况	后续发展
1	会计专业技术资格（初级）	财政部会计财务评价中心	校内	会计专业技术资格（中级） 工作满 5 年 会计专业技术资格（高级）
2	经济专业技术资格（初级）	人力资源和社会保障部门	校内	经济专业技术资格（中级） 工作 6 年以上 经济专业技术资格（高级） 工作 10 年以上
3	统计专业技术资格（初级）	统计部门	校内	统计专业技术资格（中级） 工作满 6 年 统计专业技术资格（初级） 工作 9 年以上
4	审计专业技术资格（初级）	人力资源和社会保障部门	校内	审计专业技术资格（中级） 工作 5 年以上 审计专业技术资格（高级） 工作 11 年以上

续表

序号	核心岗位职业资格证书	颁证部门	可获取情况	后续发展
5	银行业专业人员职业资格（初级）	中国银行业协会	校内	银行业专业人员（中级/高级）职业资格工作6年以上
6	证券业从业人员	中国证券业协会	校内	
7	期货业从业人员资格	中国期货业协会	校内	
8	注册会计师	中国注册会计师协会	应届毕业	
9	资产评估师	中国资产评估协会	校内可考	
10	税务师	中国税务师行业协会		工作满3年

表4.3　　会计职业技能证书

序号	职业技能证书	颁证部门	"1+X"试点
1	智能财税技能证书	中联集团教育科技有限公司	第二批
2	智能估值数据采集与应用职业技能等级证书	中联集团教育科技有限公司	第三批
3	金税财务应用职业技能等级证书	航天信息股份有限公司	第三批
4	财务共享服务职业技能等级证书	北京东大正保科技有限公司	第三批
5	业财一体信息化应用职业技能等级证书	新道科技股份有限公司	第三批
6	财务数字化应用职业技能等级证书	新道科技股份有限公司	第三批
7	数字化管理会计	上海管会教育培训有限公司	第三批
8	个税计算	浙江衡信教育科技有限公司	第四批

调研发现，在财会类专业课程的设置上，企业建议开设的课程包括基础会计、财务会计、成本管理、财会类、EXCEL 财务应用、税务管理、财务分析、税收筹划、预算管理、风险管理、内部控制、管理会计等，建议学校针对财会类实践能力培养开设财务会计虚拟仿真、创业模拟、财务报表分析、财务共享服务、社会实践等实训实践课程（如图 4.6 所示），注重实践动手能力的培养，强化学生职业技能素养的锻炼与综合素养的全面提升。同时企业对云财务会计、财务共享服务、“互联网 + 财务” 等大智移云时代的新兴课程也有较大兴趣和需求（如图 4.7 所示）。

调研发现，90.40% 的企业比较看重职业资格证书，86.25% 的企业认为初级、中级、高级会计职称比较重要，57.50% 的企业认为注册会计师比较重要，35.00% 的企业认为英语四六级证书比较重要，29.00% 的企业认为银行或证券从业资格比较重要，22.50% 的企业认为管理会计师比较重要（如图 4.8 所示）。

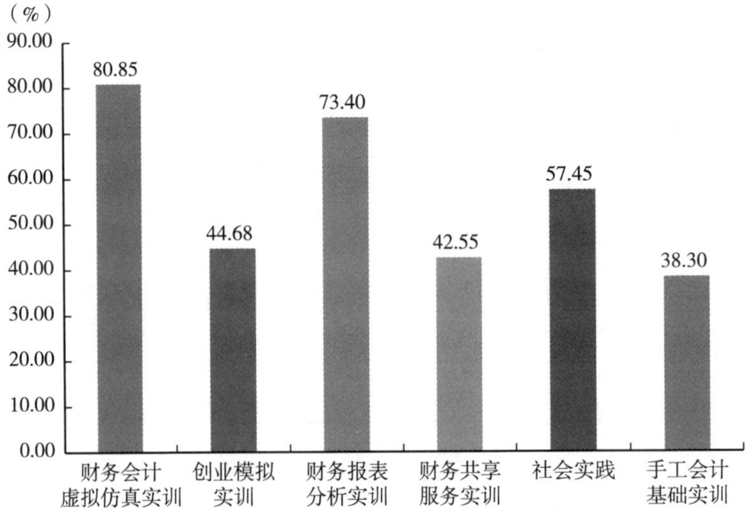

图 4.6　实训课程需求统计

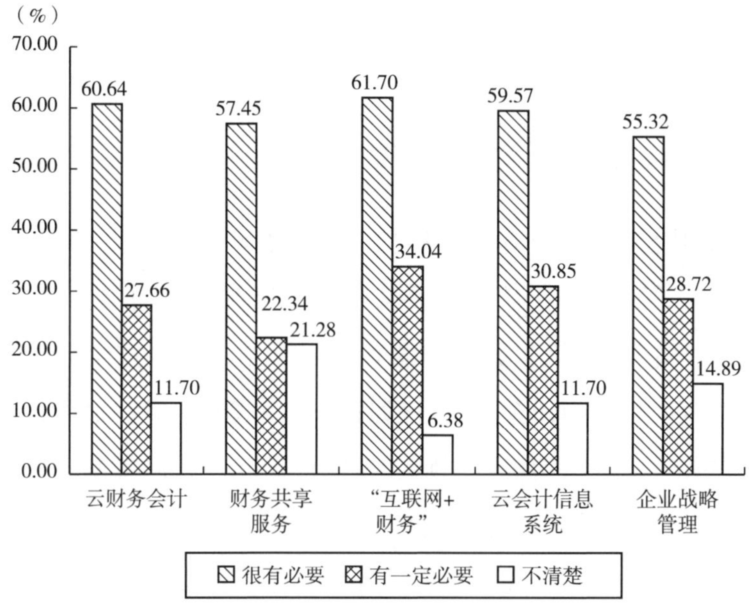

图 4.7 大智移云课程需求统计

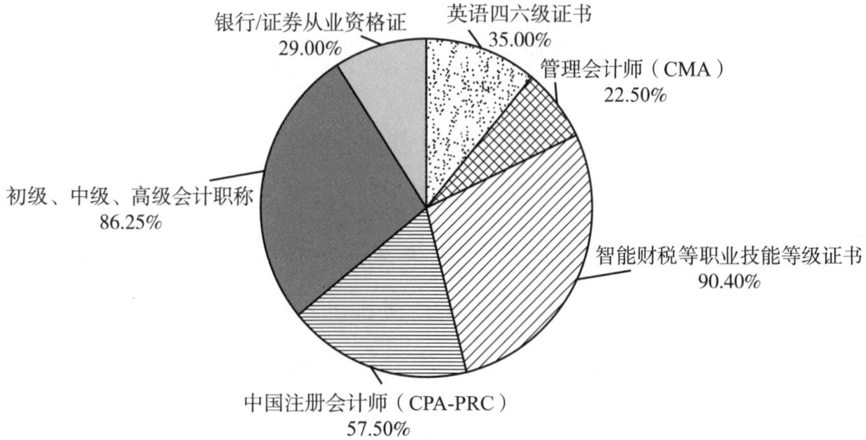

图 4.8 企业对职业资格证书的倾向占百分比统计

三、学校调研结果分析

1. 财会类专业人才培养定位

调研院校的财会类专业人才培养设计均考虑了现代经济的发展要求，并契合区域经济发展需求，定位在培养初级会计人员，毕业后经过3～5年职业工作锻炼和后续学习，一些综合素质较好的毕业生可以担任企业资金管理主管、成本主管、财务经理助理、财务分析员、纳税筹划师、投资理财规划顾问等高一级层次的管理人员。高职财会类专业人才要胜任岗位或岗位群的工作，需要一个专业持续发展的过程，要培养学生的职业综合能力，贯彻终身教育观，将学生发展能力作为确立专业人才培养目标的主要考虑因素之一。

2. 专业课程设置情况

调研发现，100%的学校开设基础会计、财务会计、财务管理、企业纳税实务（税费计算与申报、税务会计）、财务软件操作（会计电算化、ERP应用）相关课程，89.2%的学校开设财务分析相关课程，85.1%的学校开设成本会计（成本核算管理）相关课程，53.8%的学校开设会计综合实训相关课程，54.5%的学校开设管理会计、EXCEL财务应用相关课程，36.2%的学校开设企业沙盘经营相关课程，29%的学校开设统计学（应用统计）、纳税筹划相关课程，23.4%的学校开设资产评估相关课程，47.6%的学校开设财经法规与会计职业道德相关课程，18.5%的学校开设跨专业综合实训相关课程，16.7%的学校开设内部控制（风险管理）相关课程，少量学校开设《预算管理》《投资学》《投融资管理》《审计》等课程。

3. 财会类专业建设面临的主要困难

（1）人才培养模式需要进一步优化，课程体系和内容需要与时俱进。为构建满足学生综合素质培养和多元化知识结构的需要，需要构建完整规范的学科课程体系，以专业主要就业方向为导向，让人才培养模式更加多样灵活，课程体系和内容进一步与现实和国际需求接轨。从实际现状来看，财会类专业的课程设置与社会实际需求存在一定脱节，财会类专业毕业生到岗后不能立即适应本岗位工作，而需要经过用人单位的再次培养才可以独立胜任岗位工作。财会类专业是一门实践性很强的专业，实践是专业教学中不可缺少的环节，课程设置要做到理实一体，但目前的会计课程安排多为理论课程在前，实践课程在后，导致学生因缺乏实践体验，在学习理论知识时往往感到空洞、抽象、难以理解，尽管教师采用了多媒体等现代教学手段，仍无法从根本上解决这一问题。还有些学生虽然掌握了理论知识，可进入实训环节后，还是不能有效运用已有的知识去解决实际问题。校内的专业实训课程仍比较传统，与数字化方面的要求有较大差距，应加强专业理论教育和专业应用能力的有机结合，逐渐构建更为完善的实践性课程体系，培养学生的实务操作能力，为将来能够更好地胜任本职工作打下坚实基础。

（2）专业能力培养与财务人员素质提升脱节，需要进一步将学历证书和职业技能等级证书有机结合。调研中我们发现：企业往往把会计人员视为企业的“内部人员”，考察的周期比较长，对到企业实习的学生往往并不安排重要的岗位。企业负责人非常希望毕业生能认同企业的文化和发展前景，能和企业共生共荣，毕竟要培养一名合乎企业意愿的会计人员并不是一件容易的事情，但部分毕业生眼高手低，纸上谈兵，不能安心工作，跳槽情况比较严重；有些毕业生心理素质差，经不起批评和挫折；还有一部分毕业生安于现状，不求进取。为此，在学校教育教学中，我们必须认识到加强对学生职业道德教育的重要性，以各种方式和适量课时进行全方位的职业道德教育，加强对学生生存竞争意识的培养，全面提高学生的综合素质，特别是心理素质和适应能力，增强学生的社会竞争力，使学生真正做到爱岗敬业，成为合格的财会人才。

（3）忽视了高职学生的学习能力和认知规律，未形成自主学习能力。总体上来看，因为高职生的基础薄弱，不擅长逻辑思维，不善于总结和提升，因此很难灵活运用所学知识分析和解决问题，但毕业生在工作岗位上经过一段时间的锻炼就能掌握相关工作的专业技能。教师应结合高职大数据与会计专业对应工作岗位涉及的工作任务，设计由浅入深、先易后难的学习项目，使其符合学生的认知规律。在教学过程中多结合企业培养人才的经验，举一反三训练学生的技能，同时培养学生的自主学习能力。目前，我们对大数据与会计专业群学生的培养，较为注重知识技能的训练，但在综合素质提升方面还存在差距；在专业技能训练过程中，过于重视专业技能的训练，淡化了职业基本素质的培养，这就要求大数据与会计专业群能力培养与财务人员素质提升并重，大数据与会计专业群人才均具备较高的职业道德水平、专业素养和较强的工作技能，同时具备较强的自主学习能力、职业判断能力和综合管理能力。

四、毕业生调研结果分析

1. 所在企业在招聘员工时对应聘者学历的需求

财会类人员对企业而言有着举足轻重的地位，现在越来越多的企业重视管理工作，而财会类又是企业管理的一个重要组成部分，随着财会类人才需求不断增加，对应聘者学历的需求根据财会类岗位级别的变化也提出了不同要求。根据调研企业的招聘要求分析可知，企业普通财会类岗位应聘人员需具备大专及以上学历，决策支持型高级管理人才必须具备本科及以上学历。

2. 毕业生对财会类专业就业形势预期及专业认可度

财会类专业毕业对本专业就业形势预期大多较好，23.23%的毕业生认为就业形势非常好，51.52%的毕业生认为就业形势比较好，23.23%的毕业生认为一般，仅有2.02%的毕业生认为就业形势比较差（如图4.9所示）。79.80%的毕业生愿意在同等分数线同类专业中向亲朋好友推荐母校财务管理专业（如图4.10所示），说明学生对专业认可较高。

3. 毕业生从事职业专业相关度及职业期待情况

调研发现，70.00%的毕业生从事的职业与财会类专业相关，

30.00%的毕业生由于个人兴趣、条件符合度以及工作机会等原因从事与专业不相关的工作（如图4.11所示）。

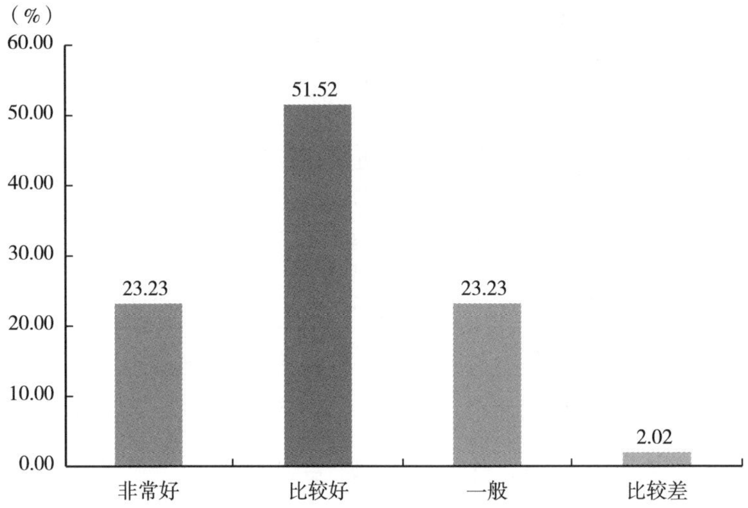

图4.9　毕业生就业形势预期统计

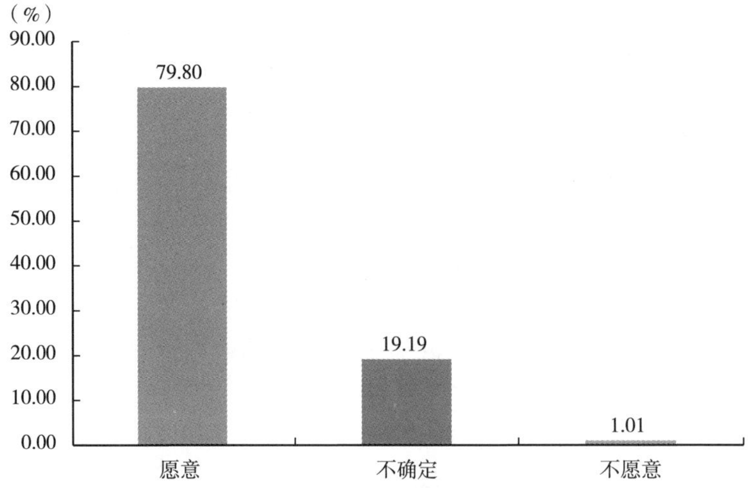

图4.10　毕业生专业认可度统计

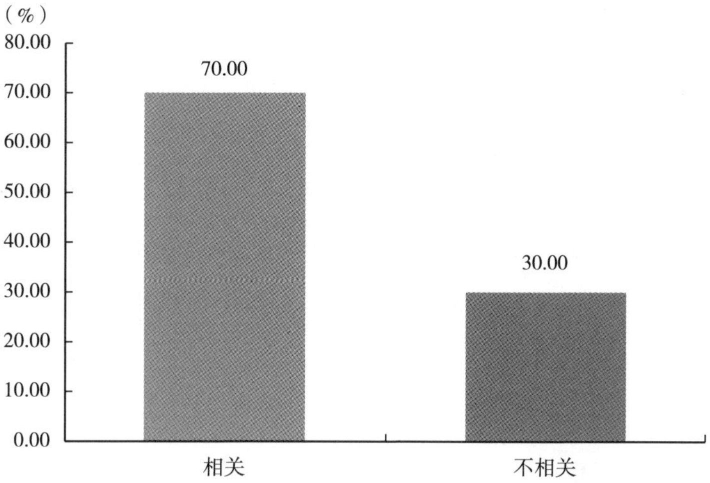

图 4.11 毕业生从事职业专业相关度统计

调研发现，50.00% 的毕业生目前工作与自身职业期待较为符合，42.50% 毕业生的职业期待值一般，只有 7.50% 的毕业生认为目前职业不符合期待（如图 4.12 所示）。

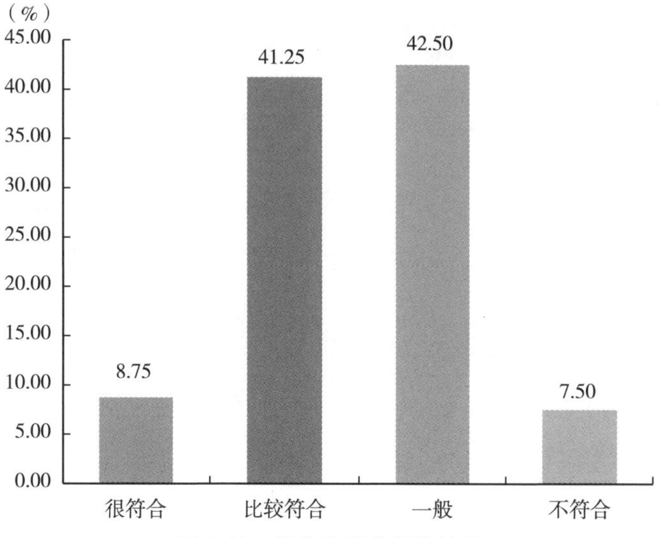

图 4.12 毕业生职业期待统计

4. 毕业生专业教育教学、专业课程评价及课程需求情况

调研发现，财务管理专业学生对专业教育教学的总体满意度达87.87%（如图4.13所示），但有47.47%的毕业生反映课程对工作和学习帮助较小，12.12%的毕业生反映部分课程内容较陈旧，13.13%的毕业生反映课堂效果不好（如图4.14所示）。

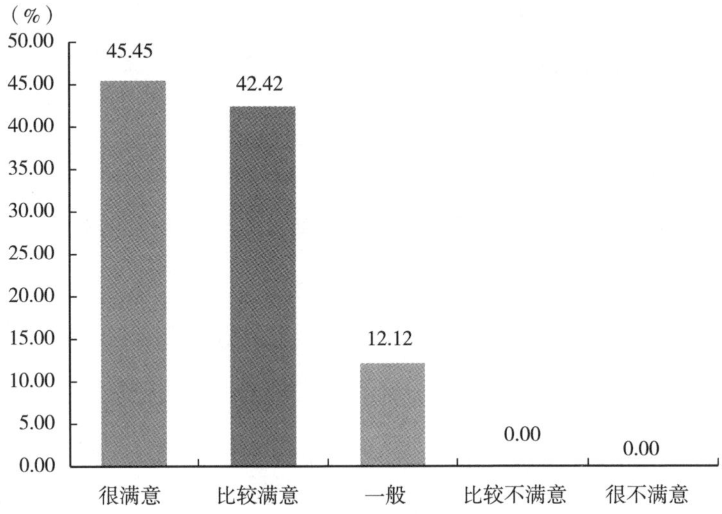

图4.13　毕业生专业教育教学满意度统计

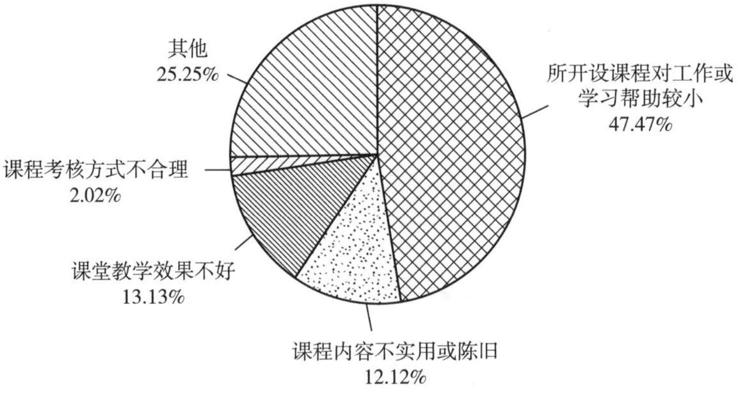

图4.14　毕业生专业教学改进需求统计

调研统计中，财务管理专业毕业生认为财务会计（17.17%）、财务管理实务（24.24%）、成本核算与管理（36.36%）、会计信息化（ERP）（25.25%）、企业纳税实务（29.29%）等课程对工作和学习最为重要（如图4.15所示）。

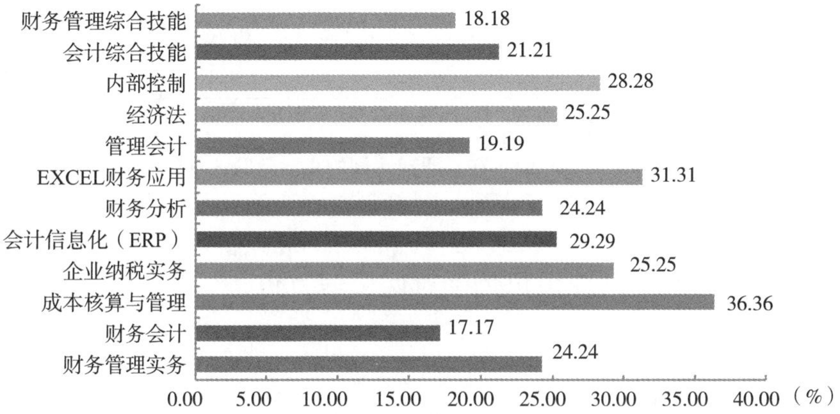

图4.15 毕业生专业课程评价统计

68.69%的毕业生认为需要开设纳税筹划课程，61.62%的毕业生认为应该开设风险管理，40.4%的毕业生认为应该开设金融学和战略管理课程，39.39的毕业生建议开设项目评估课程。

5. 在就业中遇到的主要困难

调研发现，100%的受访学生反映财务管理求职学生由于初出校门，工作经验不足，而很多企业在人才招聘中都要求具有一定的企业财务管理经验。应届毕业生专业基础不扎实、情绪急躁、语言表达能力较差均是受访企业所遇到的比较突出的问题，占比分别高达40.40%、17.17%和42.42%，如图4.16所示。

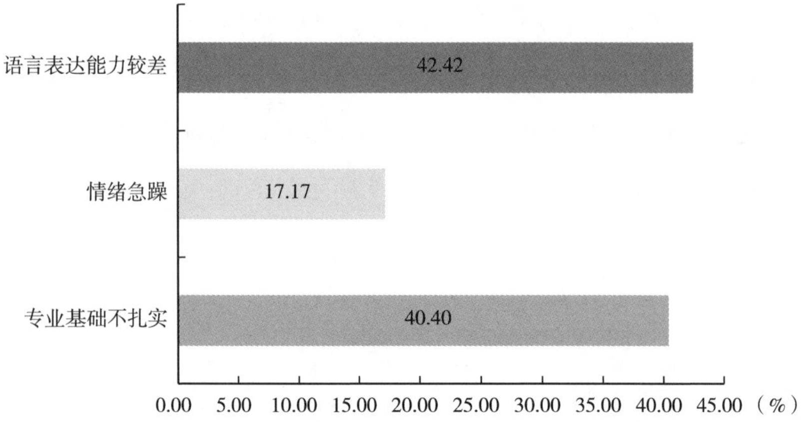

图 4.16　专业毕业生在求职时遇到的主要问题占百分比

五、有关研究评价机构等调研结果分析

1. 发达国家的财会类专业建设情况

从国外财会专业教育的情况来看，财会类人员的教育主要集中于基本理财观念的培养和基本理财技术的训练上。专业人才培养目标比较明确，可以概括成：为公司财务管理、财务分析、企业计划、投资银行、财务服务、投资组合管理和财务咨询培养专业人才。高校财会类专业的核心专业课程设置较为细化，主要有公司财务理论、资本预算、短期财务管理、投资分析、投资组合管理、期权和期货、国际财务、风险管理和保险、不动产财务、资本市场和结构以及个人理财管理模拟等。教学方式与实践结合较为紧密，更能体现出培养应用型财务管理人才的目标。如各校在前两个学年安排较多专业基础课或相关基础课，第二和第三年度末期采取工作期的方式，让学生参与实践。这种课程体系的设

计有利于学生在实习中运用专业知识，增强了专业实践能力。同时，国外财务管理人才的培养十分注重职业道德建设，各国都极为注重职业道德在学习阶段的培养与树立，贯彻多元文化的学习，强调知识的广博与贯通，注重技能训练和能力培养。

2. 财会类专业的国际认证

（1）美国注册管理会计师。美国注册管理会计师（Certified Management Accountant，CMA）是美国管理会计师协会（IMA）旗下的注册管理会计师认证，被誉为美国财会领域的三大黄金认证之一，在全球范围内被企业财务高管所认可。它客观地评估了学员在管理会计及财务管理方面的相关工作经验、教育背景、专业知识、实践技能、职业道德规范及持续学习发展的能力。CMA认证能帮助持证者在职业发展中达到高水准的职业道德要求，站在财务战略咨询师的角度进行企业分析决策，推动企业业绩发展，并在企业战略决策过程中担任重要的角色。

（2）国际财务管理师。国际财务管理师是国际财经管理专业领域的一套职业资格认证体系，是人力资源和社会保障部职业资格鉴定中心引进的仅有的三个金融类证书之一，由国际财务管理协会（International Financial Management Association，IFMA）创建并在全球推行。国际财务管理协会的使命是推动财务管理全球化，其研究并推广全球适用的财务管理职业知识体系和认证标准。国际财务管理师分为初级和高级国际财务管理师（International Finance Manager，IFM）和高级国际财务管理师（Senior International Finance Manager，SIFM）。对于财务从业者来讲，获得IFM认证表明持证人具备胜任现代财务管理工作所需的观念、知识、经验和技能。业界、雇主、客户和同行都将IFM证书看作财务高管人员职业能力水平的象征。IFM认证意味着持证人能够为企业或客户提出合理的财务管理方案，并具有切实执行的能力。

（3）财务策划师。财务策划起源于美国，是指运用科学公正的财务分析程序来对个人的财务计划、投资策略等进行合理的规划与管理，以实现其长期理财和生活目标的专业个人理财服务。从事财务策划的专业人士称为“财务策划师（Registeri Fnanicall Panner，RFP）”，涉及的服务范围包括投资、保险、信托、传统的银行服务、退休计划、子女教育计划、税务计划、遗产安排等。财务策划师多来自个人理财顾问、投资顾问、保险经纪人、基金经理、银行经理、注册会计师、律师等，行业非常广泛。设置的考试课程主要有财务策划概论、保险策划、投资策划、国际财务管理和税务、财务策划实务。

（4）注册理财规划师。由美国金融策划师标准理事会认证的理财规划师（CFP）于近年引入我国。理财规划于20世纪70年代出现在美国，继而在国际盛行。它是国际金融领域权威和流行的个人理财职业资格专业，其职责主要是为个人提供全方位的理财建议，保证客户的财务独立和金融安全，但它的专业性更为高端。CFP多为在各学院或主办单位修满240学时的理财规划概论、投资计划、保险计划、税收计划、退休计划与职工福利、高级理财规划六大课程，参与CFP考试并合格者且有金融相关经验三年以上方可获取证书。

（5）美国财务分析师。美国财务分析师（CFA）由美国投资管理及研究学会（AMIR）主办，共分三级考试，主要考经济、统计、财务报表分析、资产评论、投资组合管理、道德六科。

（6）特许财富管理师。特许财富管理师（CWM）通过掌握与个人理财相关的各种不同金融产品的特点和科学的理财方法，为个人提供全方位的理财建议，根据客户的财产规模、收益目标、风险承受能力制定一套理财方案，并能根据金融市场的变化作出调整。

（7）国际认证财务顾问师。国际认证财务顾问师（RFC）考试由国际认证顾问师协会（IARFC）主办，是从事金融理财相关工作的从业人员再提升自我价值的证照。IARFC的认证财务顾问师课程教育主要分成基础理论和实务操作课程两部分。协会对会员的要求有7项标准：教育、考试、工作经验、工作执照、商业道德、遵循严格的品德操守，每年至少需完成40个小时与财务规划相关的继续教育。

第三节 调研结论及建议

1."互联网+"技术应用对财会类人才提出了新的要求

随着大数据信息技术的迅猛发展，人工智能、业财融合背景下的财务共享快速兴起，业财融合解决方案日渐成为主流，挤占了大量从事基础财务工作的财务人员的生存空间，企业对会计信息的需求由事后变为事前，更加注重基于管理效能作用发挥的价值管理活动，行业企业对人才甄选标准由核算型向决策管理型转变，社会对财务人才结构化转型需求愈发迫切。为此，应创新"政校企融合、课内外融通、差异化培养"的人才培养模式。一是创新政校企融合机制，深化产教融合，打通产业链、教育链、人才链，形成政校企共建的育人模式。二是创新课内外融通体制，以数字思维为指引，对标专业教学标准、职业标准，共同研制科学规范的人才培养方案和课程标准，开发教材，开设企业订单班。推进“1 + X”证书制度，使“岗课证赛”深度融通。以虚拟仿真、工作坊、产业学院、校外实践基地为依托递进式推进课内外融通。三是创新差异化培养制度，深化课证融通改革，将初级（会计、审计、经济、统计等）专业技术资格考试和智能财税、智能估值、财务共享等“X”职业技能证书考试与专业课程融合，多渠道促进学生成才成长。根据学生学情推进差异化人才培养，在强化专业基础能力培养的同时探索适应不同学生的成长路径。

2. 企业普遍青睐具有各种职业技能证书的毕业生

职业技能证书是财务人员专业水平的最好证明，更是求职和升职的重要途径。虽然国家层面取消会计从业资格考试，从形式上降低了会计从业的准入门槛，但实质上，基于企业单位用人需求的自主权，初级会计资格必将成为业界衡量高校毕业生财务职业基本功的新标准，初级会计职称将成为财务行业实质上的准入门槛。要继续深化“1 + 会计专业资格证书 + X 职业技能等级证书”课程体系的改革，推进“岗课证赛”融通，突出数字思维、创新思维培养，增加财务大数据分析应用、RPA 财务机器人应用开发等课程。不仅要立足于学生的就业需求，更要注重对学生未来职业发展潜力的激发。

3. 企业迫切需要财会类专业学生职业能力的提升

在以全球化、信息化、国际化为主要特征的新经济形势下，用人单位对财务人员的知识结构和能力素质要求也越来越高。从调研情况分析可知，用人单位对财务人员的职业能力较过去有了更高要求，对财会类专业学生知识的综合性提出了新要求：既要懂会计、财会类知识，又要懂法律、金融、税务筹划等方面的知识。特别是能够熟悉国家政策，能及时预测和把握金融环境的变化，识别财务风险等。职业教育以能力为核心，因此课程设置应本着"基础课必须够用，专业课针对性、实用性要强"的原则，公共基础课程、专业基础课程、专业技能课程，必修课与选修课合理搭配，形成"宽基础、活模块、多实践、重综合能力培养"的教学体系和教学内容。构建"平台+核心+拓展"的专业群课程体系，培育智慧课程教学资源。

有的单位突出强调职业能力中的非智力因素，他们希望财务人员头脑要灵活，能够随机应变，善于沟通协调，处理好与其他人员和部门的关系，具有很强的学习能力，要有团队协作、吃苦耐劳的精神，要有较高的职业操守等。还有一些企业要求财务人员兼任文秘，能从事报税、档案保管等方面的工作，要熟练操作办公软件、具有较快的打字速度等。

4. 财会类专业人才培养尚有很多改进的空间

"课程内容不实用""课程内容过时""实习和实践环节不够""无法调动学习兴趣""教师专业能力有待提升""教师教学态度不端正""教师敬业精神不够""教学手段与教学方法有待改进""在校生对专业发展前景认可度不够"等都是调研中发现的负面问题，专业人才培养仍有很大需要改进和提升的空间。

第五章

高职财会类专业实施“1 + X”证书制度困境成因及人才培养创新方向

“1 + X”证书制度是我国职业教育改革发展的重大举措，也是我国探索中国特色高等职业教育走出的最为重要的一步，它对于强化职业教育类型特征，创新人才培养评价方式，促进产教融合、校企合作、学生可持续发展发挥着重要作用。全国各高职院校应当坚决落实“1 + X”证书制度，积极探索专业创新发展之路，结合自身实际创新人才培养模式。自 2019 年 11 月试点工作开展以来，“1 + X”证书制度在职业院校中取得显著成效，但在落地实施过程中仍然面临诸多实际问题，主要体现在以下几个方面。

第一节 高职财会类专业实施“1 + X”证书制度困境

“1 + X”证书制度实施以来，各高职院校的各个专业都在大力推进该制度的实施，高职财会类专业在推进这一制度实施过程中遇到了诸多困境，但这一困境同样在其他专业的实施过程中也会存在，具有一定的共同性。

一、组织机构间协作机制不顺畅

高职财会类专业在实施“1+X”证书制度时，面临与其他专业实施该证书同样的共性问题，那就是实施过程中组织机构间协作机制不够顺畅。“1+X”证书制度涉及的组织有三方，分别为教育主管部门、培训评价组织（行业企业）和试点院校。其中教育主管部门是制度体系的制定者，它与试点院校是行政指导与行政隶属的关系，与培训评价组织机构是财政约束与行政监督的关系，它不仅是发令者，也应该是裁判员、监督者和指导者，需从宏观和中观进行统筹规划、规范管理，为三者中的弱关系提供几何中线。而试点院校与培训评价组织机构是服务供需的关系，三者分属不同性质的组织，三方需要协调联动才能确保“1+X”证书制度的顺利实施。然而实施过程中在协同联动上存在步调不一致、对接错位不畅等问题，主要表现在三个方面：第一，教育主管部门重制定政策及下达文件，轻监督与协调，对试点院校与培训评价组织的合作过程缺乏有效的统筹、监督。当试点院校与培训评价组织出现合作偏差时，教育主管部门的监督、指导经常缺位。第二，培训评价组织重经济利益轻服务质量。培训评价组织是“X”证书标准的开发者、是“X”证书核心内容的制定者，所组织开发的“X”证书必须要适应社会经济发展需求，必须有助于学生可持续发展，另外，培训评价组织是我国学分银行和国家资历框架对接远景目标的重要基础，在“1+X”证书制度实施中有着举足轻重的地位，承担着重要的社会责任。然而培训评价组织作为企业，其开展业务的目的是获利，逐利是其本质属性，在实践过程中，某些培训评价组织重视市场份额的扩展，重教材、培训软件等收费项目的开展和销售，对培训的质量和教材的内容没有严格把关，导致重复培训、教材内容深度不足、培训教师能力存疑、校企沟通质量不高、企业人员配置远跟不上规模扩张、服务不及时等诸多现实问题。第三，试点院校重任务完成、轻政策制定。试点院校是“1 + X”证书实施的主体，“X”证书能否有效落地、落地质量如何保障与试点院校息息相关。然而在实践过程中，存在诸多不足，一是与培训评价组织机构缺乏有效的沟通机制，基本属于被动执行状态，没有将学历教育与“X”证书有效衔接，未就教学资源是否满足“X”证书培训要求、学生是否能够达到相应“X”证书能力标准的要求等与培训评价组织机构进行有效沟通；二是师资方面缺乏有效的政策支持力度，目前高职类院校在推进“X”证书落地过程中，师资队伍力量还无法有效满足“X”证书的培训要求，大多数教师还不完全具备“X”证书职业能力所要求的职业水平，相关院校也没有制定出台相应的激励政策来调动教师的积极性以提升自身的职业能力水平，使得“X”证书的落地质量无法得到有效保障。

二、面对证书不知如何选择

目前我国正在积极发布各类“X”证书并大力推进“X”证书制度的落地，针对不同行业推出了多种“X”证书。截至2021

年 12 月 31 日，财经商贸大类中已经有 64 个证书，其中面向财会类专业的有 10 个证书，分别为智能财税职业能力等级证书、数字化管理会计职业能力等级证书、个税计算职业能力等级证书、财务数字化应用职业能力等级证书、大数据财务分析职业能力等级证书、金税财务应用职业能力等级证书、审计信息化职业能力等级证书、财务共享服务职业能力等级证书、业财一体信息化应用职业能力等级证书、企业财务与会计机器人职业能力等级证书。随着“X”证书制度的进一步推进，相关的证书还会不断增加。当各类院校面对诸多证书时可能会存在一定的选择困难，不知道哪些证书适合于学生，哪些证书是市场真正所需要的。从各个高职院校的实际选择来看，有些高职院校以自身专业定位为首选原则，有些高职院校以追求新技术作为首选原则，有些则以区域就业特点为导向原则，甚至有些高职院校则是无原则地进行选择，各高职院校的选择缺乏统一标准。从实践来看，各高职院校出现一个专业需要学生考取多个“X”证书，或者多个专业考取同一个证书的情况。

目前，我国与财会类专业直接相关的“X”证书有 10 种，并且今后相关的职业技能证书可能还会进一步增加，每种“X”证书又将职业技能等级分为初级、中级和高级三个级别，每个级别对职业技能要求不同，财会类专业学生在三年的全日制学习期间不可能掌握所有“X”证书所要求的职业技能，必须在证书方面作出一定取舍，专业应该选择哪些“X”证书与现有专业教学标准进行对接是推行“1 + X”证书的前提。

三、面对标准不知如何融通

“1 + X”证书制度下的“书证融通”是指学历证书“1”与若干职业技能等级证书“X”两者之间的相互衔接、相互认可及相互转换。其本质上是高职学历教育制度与职业技能等级培训劳动制度的衔接互通，表现形式是学历课程和培训课程的匹配。职业技能等级证书以企业岗位需求为依据，将职业能力分为初级、中级、高级三种级别，每种级别对应不同的职业能力标准，并据此标准对学习者职业技能进行综合评价，该标准已成为衡量某一技术技能水平的标尺。然而大多数高职院校财会类专业的教学标准是依照教育部于 2019 年 7 月颁布的“高等职业学校财务会计类专业教学标准”为指引而制定的，从时间层面来看，该专业教学标准的拟订到发布需要经历一定的时间；从制定的外部环境看，该专业标准的提出是基于当时的制度环境、技术环境和市场环境制定的，与当前的职业技能等级标准不可能完全对应，两种不同标准如何进行有效融通成为摆在各高职院校面前的一大难题。

“1 + X”证书制度下，高职财会类专业“书证融通”的表现形式是学历课程和培训课程的匹配。要实现学历教育和“X”证书制度要求的复合型培养目标以及综合能力提升培养目标，最终还是要落实到相关专业课程层面。借助专业课程这一重要载体，学生既可以获得学历证书还可以获取若干职业技能等级证书，从而提升学生的复合型技术技能。而现有的财会类专业课程体系主要是以原有学历框架下的课程体系为主，部分学校通过开设对应

“双证书”制度的模块化培训课程来达到学生获取相应职业技能等级证书的要求，这显然不具有技术技能动态调整性，难以适应新产业、新业态和新技术的变化。“1+X”证书制度中学历教育是基础，职业技能等级培训是对学历教育的强化和补充，切忌将职业教育变成职业培训，财会类专业开展“1+X”证书制度不是削减原有的课程内容，而是对原有的教学内容根据“X”证书的要求进行修订、补充。“X”课程的内容横向上跨越了现有的很多专业课程，纵向上是对现有专业课程内容的深化，横向层面高职院校财会类专业如何做到与校内课程内容的互融互通是“1+X”证书制度推进过程中要解决的难题，纵向层面如何协调本科院校、中职学校“X”证书与课程内容的深化和提炼更是一个系统性难题。

四、面对教学不知如何教授

（1）当前高职财会类专业教师“双师”名不符实。“1+X”证书制度对高职财会类专业教师的双师素质提出了更高的要求，整个教学过程需要更加注重以实践教学为主线，教师需要根据行业特定岗位工作任务要求，以任务驱动方式引导学生主动完成相关工作任务，让学生在学习过程中更加体现主体地位。师生之间的互动方式和互动层次都将发生转变，这一变化要求高校教师必须对行业企业特定岗位的职业标准和能力要求有极强的认知。基于此，各高职院校出台了一系列措施鼓励教师提升实践能力，打造“双师型”师资队伍，然而现实情况是多数教师消极对待企业社会实践，部分教师为了满足学校考核要求流于形式去提交相应的书面材料，并未真正深入企业进行相应的岗位实践，其实践能力并未得到有效提升；部分教师虽然进行各种形式的企业跟岗实践，但由于企业实践时间短、企业出于商业机密等因素未真正促进教师，实现跟岗锻炼教师的实践能力仍难以得到有效提升。另外，虽然高校采取专兼结合的形式打造师资结构，然而兼职教师真正深入学校承担相应教学任务的少之甚少，致使其并未真正发挥出作用，未将企业一线实践技能传授给学生。

（2）高职财会类专业教师并未与时俱进提升专业能力。大数据、云计算、区块链、人工智能等新技术不断应用到财会类专业实践之中，针对其对应的新岗位和新工作领域，各培训评价组织机构都推出了相应的“X”证书，所有这些新技术、新方法、新手段都对传统的高职财会类专业人才培养目标提出了新的要求，同时对教师自身的教学理念、学习能力、科研能力等也提出了新的要求，高职财会类专业教师需要积极接受新事物，并应用“互联网 +”等教学手段创新教学方法。当前，高职财会类专业的大多数教师虽然已经认识到环境的巨变对自己教学能力提出了新的挑战，但部分教师由于职业惰性等原因懒于扩充、重构自身知识结构，仍然因循守旧墨守成规的进行教学，所培养的学生无法有效满足外部环境的能力需求，无疑对“1 + X”制度的有效开展形成了障碍。

（3）高职财会类专业教师难以有效开展项目化教学。“1 + X”证书制度对课堂教学提出了新的要求，首先强调课堂的任务要真实化，课堂任务要按照职业“X”证书标准，结合行业岗位能力模块要求，以典型工作任务为基本单元设计相应的教学内容；其次强调教学过程要情境化，通过改善实训条件、校企深度合作、虚拟实训平台应用等多种手段，使得教学场景更加真实化，使得学生有更好的工作学习体验；最后对于学生评价要工单化，采用企业工单评价的方式，对于学生的每一项工作任务进行实时检查和评价，促使学生能够明确每一目标任务的完成情况，从而达到提升学习者自主解决问题的能力。当前，高职院校的很多教材都采用项目化的方式来开发教学项目，然而由于教师缺乏对相关岗位职业技能标准的深刻理解，其在开展项目化教学时为了项目化而进行所谓形式上的教学，没有真正根据岗位技能标准开展教学。导致学生依旧过多的学习理论性内容，没有真正达到以任务为驱动式的学习，所学内容与企业实际所需技能没有有效结合，学生的技能迁移性仍处于较低水平。

五、面对资源不知道如何建立

“1+X”证书制度的有效实施需要一定的教学资源予以支持，包括硬件资源和软件资源两类，其中硬件资源主要包括师资队伍、学生以及相关的硬件设备；软件资源主要包括专业人才培养方案、相关教材以及课程资源和相应的教学方法等。然而当前大多数高职院校财会类专业的软硬件教学资源仍较为贫乏，难以有效支撑“1+X”证书制度的顺利开展。造成这一现象的主要原因有三点：（1）高职学生的数量和生源结构发生了变化。一方面，国家在2020年的政府工作报告中指出“今明两年职业技能培训3500万次以上，高职再扩招200万人”，高职院校现有的教学资源无法有效满足短时间内高职学生数量的快速增长。另一方面，原本的高职生源主要来源于普高毕业生，其接受了高中阶段的相关课程学习，具备较强的学习转移能力，而现今的生源主要来源于中职毕业生及其他各类社会群体，生源的成长背景复杂化、从业经历多元化、学习基础相对弱化、能力不强以及年龄结构跨度大，在不降低培养质量的情况下，实施“X”证书培训的难度增大。(2) 教师数量不足和教师素质偏低难以满足“1 + X”证书制度的有效实施。首先，由于高职学生数量的快速增长，当前的高职师生比已经呈现不断扩大趋势，教师数量无法有效满足学生增长需求，各高职院校虽然在不断引进新教师，然而“1 + X”证书制度要求重新修订人才培养方案、重构课程体系、改变教学组织形式、提升对“X”证书及标准的学习能力，这些繁重的课改任务对于本身工作量就已经满负荷的专业教师来说更是不堪重负，另外由于很多高职院校还没有出台配套的激励机制和合理的评价制度，对于这一额外任务教师必然缺乏主动参与的热情。其次，参与试点的专业教师素质能力不够。尽管教育部已经出台了关于师资队伍建设的各种政策并设置了师资培训项目，但现实情况是高职院校引进的专业教师从校门到校门的情况比较多，缺乏在新技术领域的职业岗位工作经历，对企业的职业技能等级标准知之甚少，技能水平更是很难与企业一线技师相比。(3) 提供职业技能等级培训的教学设施设备难以满足“1 + X”证书制度试点的要求。当前各个高职院校实训基地内的教学和培训项目设计主要适合单一职业岗位的职业资格证书，而“1 + X”证书制度的跨行跨界属性意味着实训基地必须更新设施设备，开发出适合若干职业技能等级证书的教学和培训项目。因此，由于“双证书”制度的惯性依然存在，实训基地难以在短时间内适应“1 + X”证书制度的教学和培训需求。

六、面对费用不知如何出

"1+X"证书制度试点是国家职业教育改革的一项重要举措，是国家战略层面的顶层设计，国家财政通过转移支付的方式每年会拨付相应的配套经费给地方财政，再由地方财政通过"现代职业教育质量提升计划"专项的形式划拨给试点院校，要求各个院校不能向在校学生收取"X"证书的相关费用。在试点工作期间，各个院校会将该部分费用用于师资培养、实验实训条件建设、学员培训以及证书考核等环节，这些环节每年都需要一定量的经费投入。从实际情况来看，各地教育行政部门下拨的经费通常没有明确的指向，导致很多高职院校在经费使用当中存在不规范的现象，间接导致用于"X"证书方面的费用投入不足。

第二节 高职财会类专业实施"1+X"证书制度困境成因

一、顶层设计不够完善

高等职业教育的发展政策是由政府制定的，政府相关部门统筹规划高等职业教育的发展方向，协调高等职业教育的各类资源并制定相关职业教育政策。因此，政府相关部门在高职"1+X"证书制度试点工作中要为各高职院校创建良好的实施环境，在做好总体协调统筹工作的同时做好各项基础工作，制定好高职“1+X”证书制度顶层设计工作，完善好各项法律法规配套政策。资历框架承担着衔接我国各类教育的桥梁作用，在我国高等职业教育中，好的资历框架对于明晰学生职业成长路径、提高人才培养质量以及促进人才终身学习能力的培养发挥着重要作用。因此，我国政府相关部门需要尽快建设我国高等职业教育资历框架，在制定“1+X”证书制度相关政策的过程中，充分考虑各类影响因素，针对当前的制度空白进行有效引导和限制，进一步完善相关政策以保障我国高等职业教育“1+X”证书制度的顺利实施。

目前，我国高职财会类专业“1+X”证书制度试点工作正在稳步推进，然而在实践中也暴露出了一些问题，如某些试点院校不按照相关程序开展试点工作、某些院校忽视人才全面发展需求而片面地以学生考取证书为培养目的、在一些政策真空领域打擦边球、为私利而与某些培训评价组织机构进行非法勾当等。这些现象的出现主要原因还是相关“1+X”证书制度政策不完善。当前高职财会类专业“1+X”证书制度推进主要依靠政府教育政策的号召和倡导，相关内容涵盖不够全面，其只为试点院校提供了推进方向，而没有完善的法律法规可遵循，缺乏权威保障，顶层设计缺乏统一的标准，内容、实施框架和管理、运行部门都未确定，相关的配套制度建设不够完善，虽有国家政府作为支撑，但遇到具体问题却不知何去何从，导致实际问题得不到解决的情况长期存在，造成“1+X”证书制度的实施环境不够成熟，实施效果不太理想。

二、对“1+X”证书制度的理解不够深刻

（1）各高职院校盲目申报试点。随着“1+X”证书制度试点的开展，各高职院校对申报试点院校表现出了极高的热情，认为能够成为试点院校就是学校办学品质和综合实力优异的象征，而不是结合自身实际情况来决定是否应申报相应的试点，从而出现“行也上，不行也上”的混乱局面。这样很难起到试点推进、积累经验、不断调整最终应用推广的目的。分析发现，导致“试点成功然而推广就失败”的主要原因有三：一是试点院校的选择往往是当地的龙头学校，其本身教学资源丰富，管理制度完善；二是为保证试点成功，教育行政部门往往会给予试点院校很多优惠政策；三是在试点过程中，各级领导往往比较重视，便于各方面问题的及时解决。这种试点必须是先进的错误理念导致参与试点的院校只是试点的一个样本而已，试点是为了检验教育政策的实施效果，发现实施过程中的问题，并根据发现的问题对政策进行改进和完善，试点并不一定意味着成功。

（2）将考证作为检验职业院校教学质量好坏的唯一标准，学生考证的通过率成为判断教师教学质量的核心标准，也成为对教师进行绩效管理的重要抓手。这样的错误引导导致教师认为“1+X”证书制度就是让学生多考取几个证而已，广大教师的教学都以帮助学生获得职业技能证书为教学和培养目标。这种功利性的教学思想导致其忽视了职业教育的本质，将集中辅导、突击强化训练、刷题等贯穿于教学的始终。知识与技能仅仅是教学目标的一个维度，过程与方法、情感态度、价值观才是教学目标中

不可或缺的重要内容。教学是为了促进学生核心素养的发展，课程教学是为了促成学生学科核心素养的形成。只有将教学目标始终指向学生的核心素养，而不仅仅指向学生的技能素养甚至是纯粹的操作技能，教学目标才能真正完成全面育人的价值导向。

三、高职院校资源保障不足

高职财会类专业实施“1 + X”证书制度需要多重资源提供保障，包括优秀的教师队伍、丰富的教育资源以及科学的教学方法等，但目前我国部分高职财会类专业的条件还达不到“1 + X”证书制度的实施要求。高等职业教育的发展最为重要的是拥有良好的师资队伍，教师是课堂的组织者和学生学习效果的评价者，同时也是各类教学资源的重要开发者，其在推进“1 + X”证书制度工作中发挥着举足轻重的作用。“1 + X”证书制度的推进对高职财会类专业教师提出了新的要求，除了要求教师具备扎实的理论功底之外还要求教师具有过硬的专业实际操作能力，另外还要求高职财会类专业的教师具有较高的职业敏感度，善于捕捉科技更新和职业变化方向，创新课堂教学内容和教学方法，提高自身的教学技能水平，多开发符合“1 + X”证书制度的职业化课程，努力构建与职业技能等级证书相匹配的课程体系，以融合、补充等多种方式将职业技能等级证书的职业标准融入现有课程体系当中，实现学分与学历相融、证书与文凭相通。然而从现状来看，我国高职院校财会类专业教师队伍建设还存在诸多不足，虽然各高职院校从内外两个方面建设师资队伍，但部分教师还无法有效满足“1 + X”证书制度所要求的“书证融通”“课证融通”

要求，其教学实施、知识转换、吸收新知识等能力有待进一步提升，另外部分教师的实操能力明显欠缺，校内实训实践条件也不够丰富，学生无法有效达到实践锻炼的效果，各类教学资源匮乏导致他们难以有效满足“1＋X”证书制度实施需要。因此，教师作为实施教育的主体，高职院校的教学资源作为实施职业教育的主要方式和渠道，两者的建设急需提上日程，急需建设符合现阶段社会、科技发展步伐以及满足目前高职院校的课程，课程资源、设备和设施方面还需进一步衔接好“1＋X”证书制度的需要。

四、产教融合广度和深度不够

在产教融合的过程中，当前大多数高职财会类专业主要采用学生实习的方式，学生在学校通过系统学习相关理论知识和基本实操锻炼之后，由学校安排或者学生自己寻求实习单位到企业参与实践锻炼，这种方式虽然对于学生实操能力的提升起到了重要的作用，但学生参与的广度和深度还达不到“1＋X”证书制度的要求。“1＋X”证书制度本身对于产教融合提出了内在要求，校企双方需要在广度和深度方面加强合作。

当前需要解决的问题主要有：(1) 部分企业依旧缺乏合作意愿和合作动力，形成了学校一厢情愿而企业无动于衷的尴尬局面，双方难以达成互愿互利的合作目的。(2) 产教融合过程中校企双方缺乏信息交流和共享平台，双方缺乏相关的交流渠道和合作平台，没有建立相应的合作管理机制和质量保障机制，这些都导致“1＋X”证书制度实施难以达到理想效果，双方的融合难以达到预期的目的。(3) 企业作为职业教育的培训评价组织，是职业教育的重要参与主体之一，现有的产教融合方式和方法是否能保证培训评价机构顺畅运行也需要我们的关注。

“1+X”证书制度的内在要求是促进产教融合，使得产业、企业和学校形成协同育人机制，共同培养高水平技能人才。因此，产教融合要针对单一的合作方式以及存在的问题，遵循“1+X”证书制度初心，找出两者的利益契合点，进而拓宽校企产教融合方式和渠道。

第三节 “1+X”证书制度背景下财会类专业人才培养创新方向

“1+X”证书制度在学历职业教育的基础上增加了职业技能等级证书，为学习者提供了更多的学习选择，其要求将学历教育相关内容和职业技能等级标准进行有效融合，要求新的职业教育体现行业的“新技术、新工艺、新规范、新要求”，新的课程体系中植入职业技能等级标准，使学生通过职业教育的学历教育便可以间接掌握相应的职业技能，并获取相应的职业技能等级证书。正因如此，在“1+X”证书制度背景下，人才培养模式更需要创新，找到突破口和新方向。

一、培养目标应当注重人的长远发展

明确培养目标关乎到高职财会类专业建设方向是否正确。职

业教育的最终培养目标是培养适应社会发展需要的高技能可持续发展人才，那么高职财会类专业的培养目标也应当是培养适应社会发展需要的高技能可持续人才。培养的人才不仅需要具备高技能，还需要具备长远发展能力。然而当前高职财会类专业在进行职业教育时，大多是依据“岗位—能力—知识”来构建相应的课程体系，对人才全面发展的考虑较为片面，重职业能力轻发展能力，存在短视倾向，该人才培养目标受到了很多专家的诟病，各高职院校也在针对这一突出问题不断调整自身培养目标。在最近公布的“双高”建设方案中，出现了大量以“宽基础”为目标的人才培养模式，比如，浙江金融职业学院财会类专业提出了适应区域经济建设和社会发展、需要具有较强可持续发展能力的高素质技术技能型专门人才，人才培养目标开始注重强调人的可持续发展，在课程体系的构建方面强调人综合能力的提升，大多数专业增设了人文类、人工智能、大数据、python 编程等课程，为学生提供完善自身能力结构并培育输入终身学习意识的跨越专业逻辑课程，并据此帮助学生获取相应的职业技能等级证书，为学生打造具有广泛适应性、终身成长性和个体独特性的成长路径。

二、培养标准应当体现学习者的差异性

高等职业教育与普通高等教育之间存在一定差异性，高等职业教育应当做好自身定位工作，结合学生实际，承认学习者之间的个体差异，依据学习者的学习天性和自身需求开展多形式的人才培养。不同的学习者展现学习能力不同，高等职业教育应当在学习者掌握一定的基础能力之后，即公共或者必修课程所需掌握

的技能之外，设计可供学习者多样选择的技能学习通道。比如，财会类专业学生在管理方面具有浓厚的学习兴趣，要支持学习者获取管理类方面相关的职业技能等级证书；再比如，财会类专业学生在税收方面有浓厚的兴趣，则要支持学习者通过税收方面的职业技能等级证书；甚至如果财会类专业学生对人工智能、大数据等方面有兴趣，也可以积极鼓励其获得相应的职业技能等级证书。另外，高等职业教育与普通高等教育在技能掌握方面也有明显的区别，所以在教学方面不可过多注重知识的传授，而是应该强调学习者在工作场景当中进行学习，即在“做中学、学中做”，通过多场景多任务的综合实操来掌握相关的职业技能和所需的专业知识。“1 + X”证书制度下，高等职业教育人才培养模式需要构建能为学习者提供多样化学习需求的学习体系，形成跨领域、复合性、层次交错的多元体系，支持不同基础、风格、能力倾向的学习者找到适合自身的发展方式。

三、培养方法应当具有灵活多样性和差异性

“1 + X”证书制度下，高职财会类专业在进行人才培养时要体现灵活性的特点，主要表现为学习场所场景要灵活、学习的内容和组织形式要灵活、学习的评价方法要灵活多样。(1) 在学习场所场景方面，由于“X”证书通常由社会机构进行组织评价，其在制定相关职业技能等级证书标准时融入了产业行业的新需求，除了高职院校承担相应的培训任务之外，相关的行业企业也成为学习者学习培训的重要承担者，其应积极提供相应的学习实习基地，大大拓宽学习者学习的场所和场景。(2) 在学习内容

上，由于学历教育与职业技能教育进行了有效融合，使得学习者的学习内容更加贴近行业企业实际需求，同时，"X"证书丰富了学习者学习内容的选择，学习者可以结合自身特点来学习掌握相关的职业技能。(3) 在学习评价方面，"1+X"证书制度要求在开展学历教育的基础上，强化学习者职业技能的培养，实现"学历证书"与"职业技能等级证书"的相互融合和相互补充。在"1+X"证书制度下，学生学习评价的主体不再以院校为主，企业也应当参与到职业教育和职业技能等级证书的评价中，评价的对象也不单单是职业院校的学生，还可能是各类社会学习者，这种转变将促使对学习者的评价方法更加灵活多样。

四、评价方法应当注重过程性考核

评价方法的选择将会影响教师教学内容的选择和学生学习的行为模式等，将对职业教育的效果带来重大影响。当前高职院校财会类专业对学生的评价主要采用的还是以笔试为主的形式，对于过程性考核（平时表现、学习平台学习情况等）的力度明显不够，有些高职院校财会类专业虽然有过程性考核，但其内容没有真正体现出学习者的技能水平，难以对学习者的技能掌握情况进行全面的评价。职业教育的本质要求我们改变考核方法，加大学生过程性考核的比重。尤其在"1+X"证书制度背景下，更要明确将学习者的评价标准定位为技能点的评价，整个考核通过设计典型工作任务来判断学习者技能的掌握情况，通过让学生在相关实操平台进行岗位技能点的实际操作来评判学生技能水平掌握的情况，更多地注重过程性考核。这一评价方法值得我们深度借鉴，只有过程性考核才能更加科学的检测学生技能的真实掌握情况。高职院校财会类专业应当改变当前的学习评价方法，基于过程性考核，促进教师在教学的内容选择上对接企业新技术、新工业、新流程来开发基于真实任务的课程内容；在教学方法的选择上，按照任务组织、设计、开展和评价的方式，对学习者进行全过程性的能力锻炼；支持学习者协同学习，整合各类资源完成学习任务，将“1 + X”所需要的复合型人才培养落实在教育教学过程中。

五、证书选择应当服务地方经济发展

证书选择考虑的首要因素应当是其是否能有效服务于当地经济发展。职业院校是地方经济发展所需技术技能人才的重要输出地，是地方发展的重要支撑。职业院校开设的专业一般应与地方发展的需求相吻合，服务于当地各行各业的发展与升级，人才培养的规格不能脱离地方发展的需要，必须服务于地方经济的发展。因此，服务当地行业的发展将作为职业院校专业办学方向的首选，也必将成为“X”证书选择时需考虑的首要因素。职业院校“X”证书选择时需考虑的次要因素是行业中需要掌握的主流技术技能。职业院校开设的专业必须服务行业的发展，要关注行业主流需求的技术技能，为行业发展输送相匹配的人才。此外，新兴技能也应将作为院校“X”证书选择时考虑的一个因素。职业院校专业人才的培养还要关注行业未来的发展，人才培养的规格要能够满足行业未来发展的需求，要关注行业新兴技术和前沿发展，要具有一定前瞻性。

六、师资建设应当重点加强

知识的传授需要适宜的方法，好的方法还需要能够驾驭他的教师。师资队伍直接关系到教育教学改革的成功与否，关系到人才培养的成效和专业的未来。因此，需要构建结构化教师教学创新团队，要明确团队成员各自的职责与分工，并全面参与人才培养方案制定、课程标准开发、教学流程重构、课程结构再造、学习管理与评价等专业建设全过程，开展分工协作，推进模块化教学实施，提升教学成效。同时，要在企业设立访问工程师、教师企业实践流动站，技能大师工作室，共建教师发展中心，坚持校企合作、双元培训，健全教师校企轮训制度，不断提升学校教师“双师素质”，优化队伍“双师结构”；要强化产业导师特聘制度，发挥行业企业特聘院长、特聘专业带头人以及特聘导师的纽带作用，聘任一批技能大师、劳动模范、首席技师，持续壮大“双师型”队伍；要盯准大企业、构筑大平台、打造大机制，加大教师企业实践流动站、“双师型”教师培养培训基地和教师企业实践基地建设力度，推动教师立足行业企业，开展科学研究，服务企业技术升级和产品研发，提升教师的技术技能水平，以便更好地服务人才培养。此外，教师还需根据知识点和技能点的特性，合理选择“行动导向”教学、项目式教学、情景式教学和工作过程导向教学等新教法，提升课堂吸引力，让课堂活起来。坚持服务社会的宗旨，充分发挥学校专业优势，培养一批在参政咨政、技术转化、社会培训等领域的名师、名团队；提升教师在参政咨政、技术研发与转化、职业培训等领域的研究与服务水平；

支持教师团队面向退役军人、下岗失业工人、农民工和新型职业农民等特定群体开展培训，强化教师队伍的社会责任与担当；大力推动教师开拓社会服务大市场，提高各个学院社会服务收入，鼓励多劳多得、优劳优得，以社会服务反哺教学、反哺科研，不断提升教师收入水平。

七、经费使用应当突出建设价值

启动“1+X”证书制度试点工作是教育部等四部门落实国家《国家职业教育改革实施方案》（以下简称“职教20条”）要求、推进新时代职业教育发展的一项重大改革举措。在财政部、教育部制定的《现代职业教育质量提升计划资金管理办法》中明确指出，2020~2022年，提升计划资金重点支持职业院校开展“1+X”证书制度试点工作。同时，在教育部办公厅等四部门《关于进一步做好在院校实施“1+X”证书制度试点有关经费使用管理工作的通知》指出，院校可统筹财政拨款、学费及其他事业收入等，保证“X”证书培训、考核颁证、教师培训、承担考核培训任务的教师绩效工资等正常的教育教学支出。因此，院校实施“X”证书所需的经费具有优先等级，是院校必须优先保障的支出项目。但作为院校优先保障的支出也应产生相应的绩效，即投入的价值。院校在进行“X”证书试点工作时，对于证书的选择、硬件的建设、师资的培养、培训的方式都要经过充分的调研与论证，确保各项投入有利于人才培养质量的提升，力求绩效效益的最优化，避免盲目投入，零绩效或者低绩效产出。

第六章

“1+X”证书制度下高职财会类专业人才培养模式改革要求

第一节 与时俱进调整现有财会类专业教学标准

我国的高职教育经过20多年的快速发展，已逐步建立起一套高职教育教学的国家标准，并形成高职教育教学的国家标准体系。根据“职教20条”完善教育教学相关标准的具体要求，我国高职领域已建设并公布的标准有《高职专业目录》《高职专业教学标准》《基础课程标准》《顶岗实习标准》《实训条件标准》等。这些已建的职业教育国家标准构成了我国高职教育教学标准体系，其体系的层级与架构，是职业教育质量的提升和专业建设的关键环节。而专业教学标准是专业建设的基本遵循，是专业评价达标的主要依据。因此，贯彻落实专业教学标准将是一项任重而道远的任务。在这种情况下，深入理解高职专业教学标准的内涵，对于贯彻落实专业教学标准，推动专业建设，具有十分重要的意义。

我国高职院校的专业设置也应该学习西方职业教育的成功经验，与行业经济发展以及行业发展规划相结合。我国高等职业院校对人才培养规格的要求决定了在校学生应该要学习哪些专业，包括基础知识与技能水平的学习，因此，专业的选择和学科的设置关系到人才培养质量，专业与市场的产业对接能够有效实现“1+X”证书制度中提到的职业技能等级证书标准融入学校人才培养的方案。为了使专业教学标准更加符合市场经济发展需要，首先，高职院校要去进行市场调查，了解人才需求动向，将调研数据进行整理分析，明确人才需求的方向与标准，根据“1+X”证书制度的内涵与职业技能等级的标准，制定高职院校的专业目录，并将其反映在学校人才培养方案中。高职院校专业设置要与职业教育的发展密切相关，制定科学合理的专业设置方案，针对不同层次的职业学院教育，合理规划学生的专业人才培养方案。其次，高职院校要以区域经济发展为准绳，把握好本区域产业的特色与发展方向。将专业链对准本区域的产业链，注意总结产业发展的整个过程、产品出售过程以及售后服务等一系列问题与经验，并将这些实际经验作为对接高职院校专业的前提。近年来，我国外部环境发生了较大变化，由于大数据、财务共享、智能财务机器人等新技术在财会领域中的广泛应用，要求财务人员除了掌握相应的财会类专业技能之外，还需要具备各种信息技术搜集、加工、分析等能力，显然，原有的专业教学标准当中缺乏这方面的考虑。随着“1+X”制度的出台，使得对学生的培养目标不仅仅是掌握财会类专业知识、核心技能和道德规范，构建系统的专业知识体系和基本技能基础，还需要通过职业技能等级证书的培养强化学生的职业技能和素养，补充新工艺、新技术、新要求，拓展职业能力。原有的财会类专业教学标准需要进行适当修订。

第二节 深化产教融合重构专业课程内容和结构

一、开发适应新技术环境的专业课程

结合对行业、企业、学校的调研结论，以及对用人单位的课程需求调研，高职财会类专业应保证专业课程体系结构满足市场需求，以能力训练为主线对课程结构进行不断控制和调整，按照职业岗位要求设置具体课程，实现教学与岗位的"零对接"。高职院校财会类专业在进行人才培养的过程中，需要加大对学生的财会类实践能力培养，开设《财务会计虚拟仿真实训》《财务报表设计实训》以及《财务共享服务》、社会实践等实训实践课程，通过相关课程设置来强化学生实践动手能力，强化学生职业技能素养的锻炼与综合素养的全面提升。从调研结果来看，企业对云财务会计、财务共享服务、"互联网 +"财务等大智移云时代的新兴课程也有强烈的需求，在"1 + X"证书制度背景下，高职财会类专业应当结合当前新技术新环境的变化开设相关的课程，提供更多的模块化"X"证书类课程来满足学生的学习需求，而这些课程的开发需要高职院校与相关企业共同开发，不能闭门造车。另外为了提升学生的综合素质，高职财会类专业需要

增加一些应用性较强的课程，提高创业思想人文素养、国际化视野的课程（口语交际能力、硬笔书法等），使学生在市场竞争中处于更有利的地位，此类课程可以作为公共选修课程设置，也可以组织成立相应的社团进行宣传和教学。开发此类课程需要紧密结合行业特点，与行业企业专家共同制定相关的课程标准、开发相应的课程内容，充实相应的课程资源。

二、梳理和重构基于“1 + X”制度的专业课程内容和课程体系

1. 确定需要引入的“X”证书

高职财会类专业在确定引入专业的“X”证书时，首先应当考虑该“X”证书是否能够有效服务于当地经济发展，每个高职院校所处的地域经济环境不同，并不是所有的“X”证书都能服务于当地经济、服务于当地企业，所以各高职院校财会类专业在选择“X”证书时需要紧密分析当地的经济发展需求。其次，各高职财会类专业应当积极关注行业主流需求的技术技能，针对相关的技术技能需求选择相应的“X”证书。当然各高职院校财会类专业也应当考虑行业未来发展趋势，不能以够用为原则进行相应的“X”证书选择，还应当考虑学生未来的可持续发展能力，要关注行业新兴技术和前沿发展。其中对于经济发达地区的高职院校，因当地经济发展水平、当地企业技术水平和管理水平都较高，所以针对财会类专业“X”证书可选择的种类较欠发达地区更多，所需学生的专业技能水平更加多样化。而对于欠发达地

区的高职院校，则应当更加密切分析行业需求，不要盲目地让学生考取“X”证书。另外各高职院校应当给予学生更多的自主选择权，积极鼓励学生考取符合自身职业发展需求的“X”证书。

2. 梳理重构现有课程内容

“书证融通”是“职教20条”中明确提出的职业教育改革原则。“X”证书作为新生事物，在最初的试点阶段，多数院校采用一段时期内集中补修的方式进行，能够实现在短时间内达到设定的目标并获取证书的目的。同时，也有部分院校的现有教学课程已具备部分“X”证书需求的职业技能要求，但与“X”证书之间还存在个别差异，这部分院校多采用课程强化的方式进行补差，提升学生对“X”证书工作任务所需知识、技能与素养的要求，实现获取证书的目标。但是，从长远发展来看，“书证融通”才是必然的选择。“书证融通”的前提是证书选择，其次才是课程与课程体系的重构，随着专业选择证书数量的增加，书证融通的难度也越来越大。书证融通的根本核心在于课程与课程体系的重构，实现的前提条件是对证书知识点和技能点的解构，在此基础上，通过清洗和筛查，梳理出所需的相对完整并独立的知识点与技能点，再依据课程构建的原则，形成新的专业核心课程，构建出新的专业课程体系，实现真正的“书证融通”，并逐步与国家学分银行对接，构建职业教育的资历框架。这就要求学校根据职业教育的特点，适当降低课程理论的难度与深度，同时增强知识的适用性，强调基础理论知识的有用性和应用性，对课程标准进行细化和调整。在学时安排上，进一步突出实践性教学。在课程教学内容安排上，配合课程标准的修改，删减或合并过于理论化的内容，将应用性较强的内容作为重点，妥善选择融合的方式。

（1）梳理财会类专业“X”证书所涵盖的工作领域、工作任务、职业技能要求，根据内在逻辑关系，将知识点与技能点设计融合到相应的能力单元中，确保所有的能力单元能够涵盖“X”证书所要求的职业技能。课程内容设置要与企业岗位对接。在开展课程内容修订之初就应该与企业培训岗位进行对接，邀请企业内有经验的老员工到高职院校进行相关培训、课程内容开发以及人才培养的交流，将企业在生产和设计上的部署要求或标准融入学校人才培养的标准，尝试改变目前简单增加技能的方式，避免仅根据职业技能等级证书考试的内容在学生学期末进行强化训练，致使学生获得的知识不够系统。课程内容设置要与企业岗位对接，使学生在完成教学任务的同时也得到职业技能等级证书相关内容的培训，并获得了企业的岗位能力。

（2）根据财会类专业“X”证书能力单元，梳理其与现有财会类专业课程的对应关系，梳理证书所对应的高职现有课程的代码、类型、性质、名称、学分等要素。把岗位技能有关的知识与专业技能进行整合，形成有针对性的课程体系。课程内容的建设要完美体现工学结合，开发基于工作过程的课程内容。高职院校与企业加强深入合作，使高职院校教师可以获得本专业主要课程教学需要的第一手资料。这些资料或者教材都是由企业有经验的老员工或者本行业内专家根据自己的带徒经验所编写，具有很高的参考价值。教材可能涉及大量的真实资料与个案研究，形象生动，容易操作，适合职业院校教师培养学生的岗位能力。

（3）通过梳理财会类相关“X”证书能力单元和高职现有课

程开设情况，对现有课程内容进行调整或重构。目前，财会类专业的课程体系与相关“X”证书在课程开设数量、难易程度和内容要求等方面并不一致，校企双方要根据企业、市场需求梳理出工作领域及工作任务与课程可能存在的一对一、一对多或多对一的关系，要通过分析，确定与课程或课程内容的对应关系，采用“免修、补修、强化、转化、新增”等方法共同优化、开发相关课程，这是产教融合深度推进“1+X”制度的关键。其中免修是指现有课程的知识点和技能点完全满足“X”证书要求；补修是指需要对现有课程进行补充完善才能满足“X”证书要求；强化则是由于职业特殊性需要对现有课程的相应知识、技能等进行强化处理；转化是指现有课程中已有的知识点虽然能满足“X”证书的知识点要求，但需要修正“1”中的相关技能与能力目标；新增则指现有课程无法覆盖“X”证书标准的部分要求，需要新增相关课程来满足“X”证书职业标准的要求。

结合教育部推进的“1+X”证书政策，从职业证书角度为其度量和设置课程，实施并实现“课证融合”的多方向多职业人才培养。具体课程组合设计如表6.1所示。

表6.1　“课证融合”课程组合设计

序号	技能证书	对应课程组合
1	初级会计资格证	财务会计、经济法、企业纳税实务
2	初级管理会计师	财务基础、成本核算与管理、管理会计、筹资管理、投资管理、全面预算管理、营运资金管理
3	证券期货从业资格证	现代金融基础、期货从业人员资格考试辅导、证券从业人员资格考证辅导

续表

序号	技能证书	对应课程组合
4	理财规划师	现代金融基础、理财规划方案设计、公司理财
5	智能财税	会计基础、企业纳税实务、税收筹划
6	业财一体化信息应用职业技能等级证书	财务会计、企业纳税实务、会计信息化、企业ERP信息管理、财务共享服务
7	数字化管理会计职业技能等级证书	财务基础、成本核算与管理、管理会计、筹资管理、投资管理、全面预算管理、营运资金管理、企业ERP信息管理、财务管理综合技能、财务分析与业绩评价
8	财务共享服务职业技能等级证书	财务会计、企业纳税实务、财务共享服务、大数据在财务中的应用
9	财务数字化应用职业技能等级证书	财务基础、财务会计、企业纳税实务、会计信息化、EXCEL财务应用、财务分析与业绩评价

3. 开发“X”证书职业技能培训模块课程

专业人才培养方案当中开发独立的“X”证书职业技能培训模块至关重要，因为这是对学生获取“X”职业技能能力水平的一种深化和强化，高职院校财会类专业应当建立多方协作共同开发“X”证书职业技能培训模块的机制，通过多方协作共同开发“X”证书职业技能培训模块课程，通过“X”证书职业技能培训模块相关课程对职业技能进行补充、强化和拓展，这样既可以保证“X”证书知识、技能、能力的完整性，又不破坏财会类专业原有课程体系的完整性。另外在实施过程中需要时刻把握“1”学历培养是根本，不可因为“X”证书而压缩“1”的教学课时，不可将职业教育变为职业培训。

三、搭建新的专业人才培养方案课程体系

课程体系是实现培养目标的载体，是保障和提高教育质量的关键。现有高职财会类专业课程体系主要以就业为导向，课程体系主要是为了满足具体工作岗位职业技能的要求，而在学生职业迁移能力方面的培养略显不足，基于新技术环境实施好“1 + X”证书制度，需要根据重构的课程内容搭建新的课程体系。财会类专业人才培养可以实行“一个平台、两条主线、N 个职业发展方向”的人才培养模式，突出岗位能力的培养。一个平台是指在第一学年，注重学生专业基础技能的培养，通过会计基础、财务会计、经济法等基础课程的学习，构建同一类专业基础平台。两条主线是指由于财会类职业岗位要求具备较强的核算能力与分析能力，因此从第二学期开始逐步以“财务核算”和“财务分析管理”作为专业核心技能主线来设置专业课程群。同时，专业课程的设置与职业考证的内容紧密结合，使大部分课程围绕学生考取职业技能证书而开设，且时间上要与考证时间尽量相衔接。学生在校期间可以根据兴趣和未来职业发展需要，分学期、分层次、有选择性地考取一个或多个职业技能证书。N 个职业发展方向是指在第四、第五学期和职业拓展模块中，分别设置财会类、云财务、投资理财、创新创业、职业技能专项类等就业方向的课程，可以根据学生整体兴趣方向来选择不同的课程，为学生今后发展做好铺垫，同时还可以根据职业岗位需求的变化作出不同的组合调整，增强市场的应变能力。在第六学期，学生则可以按未来职业方向选择企业定岗实习，扩大就业面，提高就业率。

新的课程体系可以考虑由三大模块类课程构成，分别为专业基础通识类课程、课证融通类课程和“X”证书职业技能培训类课程（如图6.1所示）。

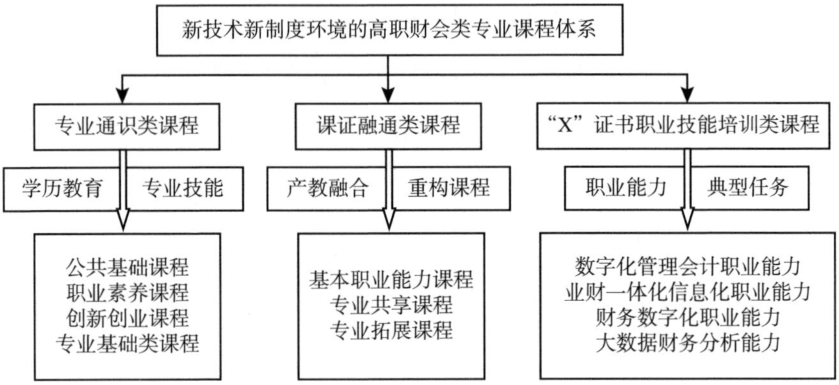

图6.1　新技术新制度环境的高职财会类专业课程体系

其中专业通识类课程主要由公共基础课程、职业素养课程、创新创业课程、专业基础类课程构成，该模块类课程主要侧重学历教育和专业基本技能的培养；公共基础课程是专业基础课的基础，是提高国民整体素质必备的一种修养，即使在以职业技能为主的职业学院进行人才培养也不能忽视公共基础课的作用。只有通过学习基础课程才能更好地获得职业教育中的技能知识，更好地学习其他学科的知识，对学到的知识进行熟练运用。通过专业课与基础课融合学习能够达到学生职业能力提升的目的，研究发现，基础知识学习能力强的学生，同时也具有较强的创新能力，他们可以运用基础知识解决难题，活学活用。学院的教师在教学中应该采用多种教学方法，引导学生形成发散思维，培养创造性思维，促进学生创新能力的形成。

课证融通类课程主要是基于产教融合的重构课程，包括基本职业能力课程、专业共享课程、专业拓展课程等，该模块是将“X”证书所要求的职业技能标准融入相关的专业课程体系中，对于学历教育和职业能力培养具有重要作用。

“X”证书职业技能培训类课程主要由相关“X”证书标准化课程构成，着重提升学生某一方面的职业技能。

第三节 “项目+活页式”变革教材形式

一、以职业技能为核心进行活页式教材整体设计

《国家职业教育改革实施方案》指出：“推进资历框架建设，探索实现学历证书和职业技能等级证书互通衔接。”实现学历教育与技能教育内容相互贯通，学历层次与职业技能等级衔接，要根据高职财会类相关职业技能等级证书标准中工作任务与职业能力对应表梳理职业能力要求对应的理论知识、实践知识、分析与判断知识，厘清已纳入专业教学内容的部分，未纳入部分融入现有课程，或增设若干门课程加入专业课程体系，把相关的理论知识和实践知识合理分布在课程群中，形成“1+X”核心课程群。

二、以职业技能等级为核心进行活页式教材整体设计

为满足高职财会类学生“X”职业技能等级证书考证需要，

按照“X”证书初级、中级、高级职业技能标准的要求，以活页的形式开发“X”证书考证培训配套教材。根据职业技能等级证书标准中工作任务与职业能力对应表模拟工作任务真实工作场景，呈现实用性强的操作规范，提供“X”证书职业技能工作任务要求的职业能力考核形式和评分细则。按照“知识技能目标+知识准备+实践操作流程+考核评析”进行内容安排，不同学历层次的学生和社会学习者可根据考证需求灵活选择活页教材中的模块内容。

三、活页式教材的微观设计

能力本位是活页式教材的编写主线，高职财会类专业需加大教材改革力度，依据行业企业相关“X”证书职业能力等级标准，以政府、行业企业、培训评价组织、高校等机构的骨干成员组成的专家小组为工作主体，以工作岗位职业能力要点为基础，以项目、活动、任务、案例等为载体，开发可供学生选择性学习的、内容可灵活增减变动的、与相关职业标准对接的教学模块，即根据“1+X”证书制度所设计的教学模块，将其教学内容组合为“项目+活页”式的数字化专业课程教材。在教材的内容建设上，严格落实立德树人的根本任务，以育人为导向，以学生发展为中心，将“课程思政”（“工匠精神”“职业文化”等）和“创新创业教育”贯穿教材建设始终，打造由产业App切入并对接产业发展的教材资源库和“课证融合”的教材内容，摒弃学科教材的章节范式，基于关键领域的典型工作任务，以职业能力为本位、以职业文化为内核将其重构，转化为项目化、模块化、程序化的教学内容，并以"项目—任务—能力"范式搭建教材内容结构。项目成果要以能力为课程的最小单元，能力的系统性符合教学规律，用系统的能力代替系统的知识，用职业能力组织教材的内容，提升职业能力培养的针对性，对职业能力教学化处理，使课程内容更符合教学规律。根据认知心理学，分析认知对象与原有知识及与现有知识间的关系，按照从学习的零点到最高点的顺序，对各条职业能力的学习内容进行均衡化处理，按照教学逻辑的前后顺序精心编排，使他们的学习量大体接近。在教材的形态建设上，以项目为引领，关注个体职业生涯发展，基于"纸质+数字化资源"纵横一体化设计教材形态，即横向开发新型活页式、工作手册式纸质教材，配套开发二维码关联的数字化教学资源、电子交互教材、云课程教材等，纵向开发理实一体化教室、实践实习基地等实体教学环境和混合式教学模式等知识教学环境。在教材的编写、修订、评审上，建立教材编写、修订机制，推进院校、龙头企业、培训评价组织三方联合开发、编写、修订教材，完善教材评审的顶层设计，严格评审制度，确保教材的政治性、思想性和实用性与立德树人的根本任务相统一，与产业转型发展的社会需求相统一，与教育信息技术的发展水平相统一。

教学单元是教学过程的基本模块，而每个教学单元的内容元素是教学单元实现教学目的的重要载体，要遵循统一的要求，要合理设计每个元素在教材单元任务中的具体功能，使教材中的内容元素连贯一致、相互呼应、相互协调。另外教材各个教学单元的内容元素在组成结构、内涵要求以及体例上应该统一，保持一定的协调性。

1. 教学单元结构设计

"1 + X"证书的活页式教材可以用思维导图、结构树、鱼刺图等形式，分别设置一级目录、二级目录和三级目录的具体内容，并通过形象化的表达方式对学生能力养成的贡献进行系统性的描述（如表 6.2 所示）。

表 6.2 "1 + X"证书活页教材三级目录

目录级别	目录内容	具体要求
一级	确定课程的典型工作过程	梳理并列出客观存在的工作过程的具体步骤，对典型工作过程进行项目化、教学化处理，按照平行、递进或包容的时序排列课程单元
二级	设计教学任务	根据典型工作任务的对象、工作内容、工作环境、工作方法、劳动组织、工作成果等实施步骤设计
三级	实施步骤设计	根据教学任务的实施步骤进行设计（明确工作任务、制定工作方案、实施方案、检查评价）

2. 教学元素设计

活页式教材成为学生提升自身职业能力的重要学习途径，该教材应当为学生提供各学习单元的学习指南，通过现代技术帮助学生进行自主学习，使其达到相应的教学目标。其中各学习单元的学习指南应明确学习目的、学习目标、学习方法以及应该达到的职业能力要求。

（1）学习目的是学生认知过程的出发点，回答完成该学习任务后具备哪些解决具体问题的能力以及为完成哪些任务要做好的具体能力准备，学习目的的描述可以帮助学生明确为什么要学的认知，完成学生认知心理初始条件的建构。

（2）学习目标主要描述的是学生通过学习活动，预期产生的思想、情意、认知和行为的变化，是学生学习之后应该达到的某种目标的简述。学习目标是教材编写中的重点，学习目标结构要完整，素质目标、知识目标、能力目标缺一不可。素质目标通常包括坚决拥护中国共产党领导，树立中国特色社会主义共同理想，践行社会主义核心价值观，具有深厚的爱国情感和中华民族自豪感；崇尚宪法、遵守法律、遵规守纪；遵守、履行道德准则和行为规范，具有社会责任感和社会参与意识；崇德向善、诚实守信、爱岗敬业，具有精益求精的工匠精神；具有质量意识、安全意识、职业生涯规划意识和创新思维；具有较强的集体意识和团队合作精神，良好的行为习惯和自我管理能力；具有健康的体魄、心理和健全的人格，养成良好的健身与卫生习惯；具有勤俭、奋斗、创新、奉献的劳动精神等。知识目标通常按照"掌握×××工具的基本知识、处理方法、操作方法和核算方法"等体例进行描述；能力目标通常按照"具备×××能力"的口吻进行描述。

（3）学习方法。活页式教材应当在设计之初预判各单元的学习难点，并针对相应的难点为学生提供相应的学习方法，通过将相关学习方法显性的呈现给学生，使得学生能够掌握解决具体问题的路径和方法，能够掌握从事职业活动所需要的合理且符合逻辑的工作方法与学习方法。

（4）学习评估。"1+X"活页式教材应提供陈述性知识和程序性知识学习成果的评价标准，罗列出能力要素与预期能力评价标准之间的一一对应关系，使用一种或多种方法评估学生陈述性知识和程序性知识的学习成果，如提问、口头回答多个或匹配的答案、小报告、小论文、演示等。教材中呈现对学生学习成果评估的结构设计，帮助学生潜移默化地掌握评估工作结果的基本能力。

（5）评估任务进度表。在活页式教材学习指南中，每一项学习任务的完成要呈现评估陈述性知识和程序性知识学习成果的日程安排结构设计，学生根据评估时间节点的要求完成自主学习计划的制定，帮助学生掌握制定计划的基本能力。

（6）评分表。活页式教材呈现对学习成果进行评估的评分表，描述评估指标和评价内容，提供评分标准。明确程序性知识的考核条件，给出在什么环境条件下，使用什么工具，通过什么方法，完成具体的任务或案例分析。传统教材基于学科本位特征善于描述定义、功能、原理等陈述性知识，高等职业教育的功能是培养学生用掌握的程序性知识解决实践问题的能力，高职教材三级目录教学元素中陈述性知识和程序性知识的呈现是以完成具体工作任务、服务等为前提展开的，因此，提供必要的陈述性知识和程序性知识不可或缺。

（7）作业设计。活页式教材的作业不应该是简单的填空、问答、判断、选择题等具有学科特征的形式，应给学生提供需要利用程序性知识完成报告、方案、作品等类型的作业，并且根据学生完成作业过程中可能出现的问题，给出解决的路径，指导学生独立或寻求帮助后完成个人作业和小组作业，且在小组作业中掌握分工协作、时间安排、作业成果展示等基本方法，从而巩固和完善课内学到的知识和技能。

第四节 “任务+能力”推动教法改革

一、积极转变教学理念

首先，教师需要加强对“1+X”证书制度的研究和理解，根据“1+X”证书制度的要求从制度设计、机制建设、学习管理体系等方面作出相应的教学改革，同时需要在改革过程中听取教师建议，通过召开系列动员会议帮助教师深刻理解“1+X”证书制度。其次，引导教师改变教学理念以适应“1+X”证书制度的要求。教师在设计学习活动的时候，需要把“1+X”证书所蕴含的任务结构与学习者生命体验存在形式的相关性揭示出来，通过融入对职业发展的个人信念，促使其在敬畏生命的基础上践行真实的职业活动。各类面向职业过程的复杂任务是师生沟通及其生命完善的桥梁。最后，围绕“1+X”证书制度的实践活动是与生命完整构建紧密联系的成长阶梯。职业教育不是纯粹的思辨性知识学习，而是在复杂的工作任务中，锻造自己的能力，进而完成自己生命的过程。教师工作的起点就是设计恰当的学习任务，对接“1+X”证书标准所蕴含的职业应用场景，帮助学习者围绕技能提升进行课堂实践，提升学习者生命自觉发展的品质。教师是“1+X”证书制度落地的重要执行者，也是顶层设计的主要执行者，教师需要根据新制度要求转变原有的教学理念，形成以学习者为中心的教学主体观、整体任务设计为基础的教学设计观、差异化和个性化教学与学习的支持服务观、重视整合资源形成任务的发展性评价观等，教师需要充分发挥自我主动性，积极改变自己，主动思考“1 + X”证书制度下的教学方法。同时，学校层面应当制定相应的激励机制和制约机制来促进教师积极转变教学理念和教学方法。

二、推动任务式教学

“1 + X”证书制度的实施要求产教深度融合，以完成与行业、专业和岗位相匹配的任务，强化能力培养，并在学习活动中关注职业情感、协同能力、合作能力和创新能力等为课堂教学的目标，以任务式教学为核心载体。在任务式教学中，需要突破教师主导的教学模式，通过情境任务的设计，构建实训环境，建设合作小组等，支持学习者以问题、探究、合作、锻炼等多种形式参与课堂，不仅就关键环节背后的运行逻辑、实现机制进行针对性的准备，而且要根据课堂实践中出现的突发情况进行针对性引导，鼓励学习者通过资源的整合、技术的应用和创新、工艺和流程的改变，思考、讨论并探索任务的不同解决策略，形成对任务与职业环境相关的其他环境的整体解决方案，实现以职业技能等级证书为核心的整体职业感知、理解和锻炼，并在课堂上进一步激发学习者参与职业教育的渴望。“1 + X”证书的考核强化灵活多样的考核方式，强化对典型工作任务能力的考核，并要求参与试点的考点构建起能完成典型工作任务考核需求的条件。这就促使在课堂建设中设置与考核和实践需求相吻合的课堂实践条件，传统的零碎性的技能学习被整合性的实践能力锻炼所取代，学习者的实践能力成为课堂价值的核心评价标准，大力支持与职场环境互动的课堂教学场域构建。

高职院校教师按照自身优势及特长，对单元学习模块进行分工协作，教师们共同备课、协作完成单元的教学任务，实现人才培养最优化。同时，鼓励学习者通过立体化教学资源来丰富自己的学习途径，形成线上线下跨时空、跨地理的学习路径维度。高职院校教师应在教学过程中让学生认识到企业的生产过程，教师负责讲解一线工作的真实工作环境，运用电子信息技术进行模拟训练。以“工学结合、产教融合”为培训的开端，以电子信息模拟实训平台为载体，让学校教学情境连接企业真实生产场景、实训方式连接模拟训练仿真、教学策略连接智能化功能等，从理念、方法和实践上，全方位赋予实践教学新的内涵，形成全新教学形态的校企合作、“虚拟仿真工学结合”的新理念。在电子信息模拟实训平台系统里，加入职业能力素质要求、行业规范、工艺流程、操作规程、生产管理标准以及职业技能资格考核标准等全过程自动跟踪考核评价功能，创新可实时交互、全程跟踪、指导反馈等满足个性化需求的智能化、客观化和社会化评价体系。

三、设计课堂任务

课堂活动的设计要按照“1 + X”证书制度的标准进行。首先，以一系列相互关联的学习任务构成课堂活动的整体框架，通过系列学习任务的系统性设计来帮助学生掌握相关的职业技能，要遵循循序渐进的原则，充分考虑学生的心理和教育学的客观规律，保证学生能够按照一定的逻辑性进行任务学习，最终使其能够胜任相应的工作岗位。其次，在设计学习活动时，需要充分考虑学校的教学实施是否能够支撑相关教学任务的开展，根据学校现有的教学资源（硬件软件资源）进行教学任务的设计，使得学生在学习任务的过程中，能够体验到职场的实际情境，让相关的教学任务能够更加真实地反映企业业务实际，从而实现“1 + X”证书标准的完美融合。最后，在教学任务的设计中应当专门设计相关的复杂任务，让学生感到困难与挑战，通过复杂的任务设计来锻炼和培养学生抗挫折能力和解决问题的能力。为此，教师需要通过个性化指导、团队合作、支持学习者获取外部资源等多种形式降低学习者的认知负荷，进而提升学习体验。

四、构建学习共同体

企业作为一个特定的组织，其有效运行需要团队分工协作予以完成，这就要求各岗位员工具备分工协作的能力，为实现这一目标，学生需要构建一个学习共同体。首先，以“1 + X”证书标准来对接相关行业、岗位和具体的任务能力标准，学习者不仅要以学习者的身份还要以旁观者的身份来审视相关学习任务，需要与其他学习者构建学习组织以共同协作解决相关任务。其次，学习共同体构建完成后，学习者在任务学习的过程中可以相互交流，分享学习经验，并通过这一机制进一步提升自己的任务解决能力和职业技能水平。最后，学习共同体能够提升学习者职业素养、职业精神和职业素质，通过共同体，学习者之间相互影响，对于价值观、态度观和职业情感的构建都起到极大的作用，学习共同体可以将参与度和参与意愿低的同学拉入组织当中，促进其进行更加有效的学习。当然在教学过程当中，部分学习者由于受其看法、思维模式以及经验等影响参与性不高，也有可能是个孤立的学习者，会由于多种原因脱离相应的共同体学习任务，对于这部分少数群体，教师需要引导学习者按照一定范式进行协商，通过规则教育、指引甚至批评等手段促使其成为任务的共同完成者。

五、重构学习环境

“1+X”证书制度由于在教学目标、内容、方式和考核方式等方面都对职业教育提出了新的要求，其必然对学习者的学习环境带来新的改变，高职院校需要构建新的学习环境以适应课堂变革的要求。首先，从制度层面来看，目前很多规章制度无法有效适应“1+X”证书制度的有效开展，比如学习者获取的职业技能等级证书是否可以转换为相应的学分，不同等级的职业技能证书如何进行有效转换学分，这些都无法有效促进“1+X”证书制度的开展。另外学习者获取相应“X”证书的途径存在一定的多样性，是否一旦获取不论途径如何都予以一定学分认定。其次，“1+X”证书制度的有效开展拓宽了学习者的学习空间，在推进实施过程中应该将各教学任务与真实工作情境相关联，这对学校实训场景的建设和校外实践基地的进一步建设提出新的要求，学校应当为学生构建跨时空、与真实场景相融合的学习环境。

第五节 打造“1+X”融合型师资队伍

一、改革引进方式方法

1. 改变择人标准和方法

《国家职业教育改革实施方案》中规定：“从2019年起，职业院校、应用型本科高校相关专业教师原则上从具有3年以上企业工作经历并具有高职以上学历的人员中公开招聘……2020年起基本不再从应届毕业生中招聘。”从国家职业教育改革实施方案人才招聘的要求中可以看出，高职院校引进的教师需要具备相关的企业工作经历，而不是目前唯学历为上的引进原则，高职院校应当从多角度、多维度来拓宽师资招聘的渠道，招聘的选人方法可以不拘一格，改变当前面试和试讲的单一形式，大胆采用一些特殊的招聘形式，根据学校的发展需求，引进相关高技能高素质人才，同时建立并完善储备人才数据库，在引进环节保障高职教师队伍的整体素质。

2. 有针对性地加大引进力度

职业教育需要紧密结合经济社会的发展，根据经济社会、市场环境的变化不断进行本体自我调适，主动适应经济转轨、社会转型、技术进步、产业调整、市场变化、企业发展、社会就业等各种具体而鲜活的客观需求。因此，高职院校需要根据地域经济发展特点，结合当地实际，积极引进一线高端人才。一是从企业引进具备丰富实践经验的高技能人才；二是从某些培训机构引进具备丰富培训经验、具有技能鉴定素质的高素质培训师；三是通过灵活柔性的引进方式从政府部门引进政策把握精准的公务员等，实现高端人才跨体制流动。高职院校可以通过刚性引进与柔性引进相互结合的方式，以达到人才资源共享、协同合作育人的目标。

3. 构建多方联合机制

“职教 20 条”中明确提出：“建立健全职业院校自主聘任兼职教师的办法推动企业工程技术人员、高技能人才和职业院校教师双向流动。”从相关要求可以看出，高职院校必须拓宽校外资源，加强与政府、企业、行业的合作，要与政府、行业企业、“X”证书培训评价组织共同协作打造校企共生有机体，共建“1 + X”融合型师资队伍，在产、学、研方面深入开展各类合作，营造多方共赢的局面。学校层面可以派出相关教师深入企业进行相应的跟岗实践，通过一系列实践帮助教师熟悉相关工作岗位的技能需求、岗位工作流程、企业文化以及企业对员工的素质要求等，同时也能帮助教师了解企业新技术、新工艺等现状。学校层面应制定教师深入企业跟岗实践的激励及监督机制，要求教师真正转变为企业员工，按照企业管理制度进行工作，真正让教师对接岗位、对接任务、对接标准，同时学校要开发一套对接企业岗位标准的考核指标来对教师的跟岗实践进行过程性考核和结果性考核，使得教师深入实践成果能够转换为教学资源；另外教师也可以通过参加系列财会领域“1+X”相关师资培训项目来提升自己的专业能力。企业和“X”证书培训评价机构层面需要定期或不定期派出专业技术骨干进高校对教师进行专业培训和指导，帮助高校教师提升自身职业技能，而企业和培训评价机构专业骨干应深入学校承担相应的“X”证书融通类课程教学任务，帮助学生更好地掌握相关职业技能。

二、用活用好现有教师资源

1. 教学资源共享化

当前高职财经类院校基本还是以院系和专业为抓手进行管理，这一管理模式的优点显而易见，然而随着专业知识的复合型特征越来越强，这样的管理模式已经无法有效满足专业发展需要，甚至造成了教学资源的浪费。各高职院校应当以专业群为依托，优化专业群内相近专业的教学资源，如将实训资源进行跨专业有效应用，避免资源的浪费，按照“名师引领、骨干带头、专长发展”的原则组建跨系部、跨专业的教师团队，实现教学师资的协同性和共享性，通过专业群优化组合和师资协同共享，使得专业建设的方向性和有效性更加有助于对接产业、服务需求，实现与区域产业发展的协调互动、共驱发展。

2. 充分发挥行业专家作用

“1+X”证书制度背景下，专业标准和职业标准、课程标准和岗位标准如何有效对接离不开行业企业专家的宝贵意见，专业标准和课程标准需要对标职业标准和岗位标准，行业企业专家更加熟悉需要什么样的技能，需要什么样的人才，所以在制定相关标准时，高职财经类院校要征求行业专家意见，使得人才培养方案的针对性、实效性和可操作性能够更好地为区域内经济社会发展服务。高职院校便要加强兼职教师队伍的建设，聘请具有丰富实践技能经验和管理经验的行业专家担任学校的兼职教师，依靠他们丰富的经验和对市场的把握来弥补高职院校专任教师实践能力和市场把握能力不足的短板，共同促进高职财会类专业的人才培养优势向区域社会经济发展的优势转化。

三、加强师资培养

1. 强化教师职业道德培养

建立分级分层分类的教师政治理论学习制度，健全师德建设长效机制，将育人导向和师德规范纳入教师考核核心指标，作为人才引进、职务晋升、干部选拔、岗位聘任、评奖评优等重要考察内容。加大青年教师在职培训、海外进修力度，组织开展“海归”教师专项培训，引导他们增进对国家和民族的认同感和归属感。常态化组织教师深入农村、社区、企业一线开展社会实践，深入了解国情、社情、民情。推动“为民务实清廉”的要求融入学校管理工作，公平公正解决涉及师生切身利益的事项。畅通师生反映问题的渠道，建立处置反馈机制，及时回应合理诉求、解决实际问题。组织开展师德师风专题教育，完善教师队伍正向激励和反向约束工作制度机制，构建一体化师德师风教育、宣传、警示、预警网络平台矩阵。发扬优良学风，教育引导学生党员带头履行学生义务、严格遵守校规校纪、加强自我管理等，示范带动全体学生更好地成长成才。

2. 加强专业学习

知识的传授需要适宜的方法，好的方法还需要能够驾驭他的教师。师资队伍直接关系到教育教学改革的成功与否，关系到人才培养的成效和专业的未来。首先，适应理念。教师要积极参加“1 + X”证书的相关理论培训、会议分享、标准研究和实践研讨，主动申请到开发“X”证书的合作单位脱产学习与实践，自觉参与技能培训与鉴定工作。通过这些活动，增进对“1 + X”证书制度的理解，加强对学习者和职业技能培养培训过程的关注，积累感性认识，适应“1 + X”证书制度的职教理念，初步形成自身的“缄默知识”或“模糊话语”。其次，外化理念。教师要顺应默会知识外显化的逻辑，尝试将在感性经验基础上积累的默会理念进行清晰表达。要适时总结与凝练自己参与“1 + X”证书相关理论培训、会议分享、标准研究、实践研讨和人才培养与培训的心得、体会与感悟，将校企双元共育、学习者技能交互建构和“全人”培养过程中默会的“缄默知识”通过主题沙龙、教育叙事、专题发言等方式外显化、概念化，逐渐形成自己的话语体系。默会知识外显化，实质上是默会知识概念化的过程，这时教师的职教理念就逐渐明朗而稳定。再次，整合理念。教师要注重反思，运用逻辑思辨，根据职教理念的内在结构，将零散概念化的理念知识通过转化、综合、重组等方式整合成特征鲜明、逻辑清晰、结构化的系统知识。最后，内化理念。教师可通过典型案例、课题研究、理论探讨等形式，将系统的职教理念知识拓展、优化、升华、内化为自身理性的教育认识、价值取向和理想追求。因此，需要构建结构化教师教学创新团队，要明确团队成员各自职责与分工，并全面参与人才培养方案制定、课程标准开发、教学流程重构、课程结构再造、学习管理与评价等专业建设全过程，开展分工协作，推进模块化教学实施，提升教学成效。同时，要在企业设立访问工程师、教师企业实践流动站、技能大师工作室，共建教师发展中心，推动教师立足行业企业，开展科学研究，服务企业技术升级和产品研发，提升教师的技术技能水平，使其更好地服务人才培养。此外，教师还需根据知识点和技能点的特性，合理选择“行动导向”教学、项目式教学、情景式教学和工作过程导向教学等新教法，提升课堂吸引力，让课堂活跃起来。在师资队伍建设过程中，要着重加强团队带头人培养。带头人通过加强“1＋X”证书制度理念的研究和学习，准确把握试点工作的背景与意义、职业技能等级证书及标准的内涵与要求，能够带领实训基地教学团队做好“1”与“X”衔接及“X”证书实训项目体系的顶层设计。专兼职教师要积极参加职业技能等级证书相关的师资培训并获取相应资格认证，定期参加相关素质提升培训项目，积极开展教师、教材、教法“三教”改革研究，不断提高教学、培训和考评能力。

3. 提升实践技能

高职院校“双师型”教师队伍的健全与完善，不仅在于教师数量的增加，更在于师资质量的提高，尤其是教师实践能力的提高。当前高职院校教师培养“唯学历论”倾向较明显，选聘教师时过于看重教师的学历，这部分教师普遍具有较高的理论水平，但是专业实践能力薄弱。在校的专业教师，虽然参与过各类企业挂职锻炼等培训，但由于管理机制和权益保障问题，很难与企业深度融合，缺乏企业真实项目的实操、实践和实战经验，导致专业教师要么无法胜任专业技能课，要么照本宣科教学，最终导致学生所学与行业企业所需之间存在明显矛盾，增加了“1 + X”证书制度实施的难度。

第六节 建设“1 + X”融合型实训基地

实训基地是实现“1”与“X”衔接的连接桥梁，学生在实训基地接受技能实训时，一方面可以选择学历证书教育所必需的技能实训项目和课程；另一方面可以根据自己的需求自主选择“X”相关的实训项目和课程，使知识、技能和素质的职业属性得到进一步深化，同时满足学历证书强制性和“X”选择自主性的要求。实训基地是保证“X”培训质量的重要依托，要依托实训基地构建“X”选择指导体系，通过选择指导体系，引导学生和社会人员根据自己的兴趣、发展方向、专业基础来合理选择“X”培训项目和课程，提升学生和社会人员参加“X”培训的目的性、主动性。实训基地也是承担“X”培训工作的主体，实训基地要基于“X”证书标准和内容建立技能训练项目体系，为学生开展“X”证书培训发挥重要作用。

一、多方共举提方案

高职院校不仅是“X”证书培训任务的实施主体，还是“1+X”实训基地建设的主要承担者，“1+X”融合型实训基地在“1+X”制度落地实施过程中发挥着重要的纽带作用，对于培养学生职业技能至关重要。行业企业及培训评价组织在制定职业技能等级证书实训条件标准时，应充分征求院校骨干教师的意见建议，在听取各高校建议并充分考虑各高职院校实际条件的基础上，尽量不过多增加各高职院校硬件投入，切实制定相应的“X”证书实训条件标准。高职院校在“X”证书实训场所建设过程中也应当充分听取行业企业以及培训评价组织的建议，加强多方协作互动，争取实现互利共赢。高职院校在分析“X”证书实训条件标准及征求专家建议的基础上，认真分析当前实训条件性能，最终决定是对现有实训条件进行优化升级还是重新扩建。整个项目实施过程中应以实训条件标准为指引，要考虑实训场所的实用性和未来的可扩展性，保证实训场所既能满足教学需求又能满足各类社会服务需求。

二、构建“1+X”实训项目体系

基于“1+X”证书制度的实训项目主要由各个模块化实训项目和综合性项目构成，高职院校需积极深化产教融合，与企业、“X”证书评价组织机构共同分析企业工作岗位群和对应的技能标准，确定“X”证书所对应的专业核心能力模块，纵向上以岗位胜任能力为依据将专业核心能力细分为若干等级模块，横向上将每个等级再细分为若干子模块以对应不同等级的技能证书，并依据各个子模块开发相应的实训项目。同时，在模块化的基础上，建立灵活的与“X”证书相对应的专业选择体系，使学生可以依照专业人才培养方案要求、个人职业兴趣等选择相应的实训项目并获取相应的学分，从而实现“1”与“X”的有效衔接。高职院校也可以对社会人员开展“X”证书培训，让社会人员根据自身职业需求、个人兴趣等选择专业课程和技能培训模块，获得学分或证书。

三、多方参与构建“X”培训质量保障体系

为保证“X”证书培训质量，实训基地（学校）应与培训评价组织、证书标准制定参与企业一起，参照国家有关政策、法规，共同合作建设实训基地的“X”培训质量保障体系。(1) 实训教学标准体系。包括标准体例结构、教学目标、教学内容、教学方法、教学步骤、教师角色、过程考核等内容。(2) 实训教学质量评价与改进体系。包括评价方、评价方法、评价指标、计算方法、改进措施等。(3) 教师绩效考核体系。包括培训资格认证、工作量计算、教学事故认定、奖励惩罚、聘用方法等。(4) 技能等级考核体系。包括学分设置、考试标准、考点设置、考场安全、考核纪律、保密制度等。(5) 证书质量跟踪反馈体系。包括在校生、社会培训人员、企业、培训评价组织、教师等对“X”证书在社会上应用情况的反映。在质量保障体系运行过程中，实训基地共建各方应及时将人才培养过程和学生、社会反映的问题

反馈给培训评价组织，促进培训评价组织改进、更新证书标准、教学标准，不断提高证书含金量和培训质量。

第七节 构建“1+X”证书质量保障体系

职业教育需要构建科学的质量评价体系来保障高等职业教育的高质量发展，首先评价理念应当以服务经济社会发展为目的，将“以人为本”作为职业教育质量评价的根本出发点，树立科学的质量观和发展观，从而满足社会对职业教育的期许。将学生、家长、社会的认可度作为教育质量的评价核心指标，将学校对地方的贡献度作为办学质量的核心评价指标。处理好学校与经济社会发展之间的协同共生关系，构建对接高职院校与区域优势产业平台的产教融合型的创新驱动发展教育发展机制，充分发挥职业教育在科技创新、技术研发等方面的作用，将这一关系纳入职业院校发展评价的重要指标，并借助这一刚性评价指标来推动高职院校构建产教融合、校企协同的质量管理体系，形成以质量为导向的职业院校办学治理新格局。

一、建立保障机构

“1+X”证书质量保障组织体系由统筹机构、监督机构和执行机构三个层级的机构构成。其中统筹机构由职业院校、政府和培训评价组织三个主体构成，政府部门是制度的设计者，其主要负责制定“1+X”证书发展规划、督促和检查质量监督机构的工作实施情况；培训评价组织主要负责组织“1+X”证书培训质量标准的修订和更新等工作；而职业院校主要承担实施的功能。监督机构是一个具有督导功能的组织机构，协调对接统筹机构和执行机构，其主要任务是对“1+X”证书实施过程和培训结果进行质量监控，促进各实施环节高质有效。执行机构是指在二级院系层面的质量保障机构，定期开展绩效评估，对“1+X”证书具体实施过程中存在的问题进行收集、说明、反馈和修正，确保质量保障的实效性。“1+X”证书培训的实施需要一系列配套的规章制度来明确各实施环节的质量标准，在制度化的进程中使“1+X”证书培训逐渐标准化、流程化和透明化，提高“1+X”证书的现代化水平。

二、注重过程监控

（1）各高职院校需要加强内部监督。各职业院校是质量监控的前哨，需要制定一系列的质量监控措施来保障“1+X”证书制度的培养质量，主要包括常规性检查和督导检查两个方面。其中常规性检查主要指教学管理部门在“1+X”证书人才培养实施过程中定期集中性的对相关教学文件、培训文件、题库、随机听课、专业教师互相听课情况进行随机抽取性检查，并形成定期的“1+X”人才培养质量报告，另外常规性检查还应当重视学生的评价活动，学生作为“1+X”证书的直接利益相关者，其必须成为质量保障体系的关键一环。学生评价的内容主要包括是否对“1+X”人才培养现状满意，可以通过座谈、问卷等形式，采取定性指标与量化指标相互结合的方式，在职业院校进行常态化的"学评教"以获取学生的反馈意见。(2)发挥督导检查功能。要依托目前高职院校已有的督导机制,充分发挥其内部督导的作用。(3)积极引入第三方评价。职业院校通过引进官方认可授权的第三方评价机构或者自行组织证书所处行业的第三方专家对培训过程的质量进行评价。第三方评价机构通过专业的质量评价方式与工具,对职业技能等级证书培训内容和培训形式是否能够满足职场适应性、知识前沿性和可持续发展性进行专业审视,并提出改进意见。

三、质量持续性跟踪

质量的持续性跟踪调研主要有两个对象,分别为证书持有者和雇主(用人单位)。首先,针对证书持有者,高职院校应当建立定期跟踪调研机制,每年定期通过邮箱问卷、微信问卷、座谈会等多种形式对证书持有者进行跟踪调研,调研内容主要包括"1+X"证书对其职业发展的影响、技能提升效果等信息以及证书持有者技能发展需求等,通过加强与证书持有者的沟通与联系来收集关于"X"证书的改进建议,并及时发布相关调研结果以及处理意见,使得证书持有者以及潜在的证书需求者能够及时了解"1+X"证书的最新发展动态。在提高证书持有者参与感的同时,也能提供最新证书培训信息,满足他们对技能提升和进修的需求。其次,开展雇主(用人单位)满意度调查。"1+X"证书持有者步入工作岗位的前三年,职业院校应通过调查问卷等形式收集雇主对于"1+X"证书持有者工作技能满意度的反馈信息,准确掌握证书持有者的就业质量。最后，建立证书调整机制。随着科技发展产业升级，职业技能等级标准必须不断更新，职业技能等级证书也必须不断调整。职业院校要建立周期性的证书调整机制，基于证书持有者调查和雇主调查结果，取消整体满意度较低的证书，引进符合最新行业能力标准的证书。

第七章

“1 + X”证书制度下高职财会类专业人才培养创新实践

对于“1 + X”证书制度下财会类专业人才培养的创新实践，各高职院校都在不断探索，本部分内容主要介绍浙江金融职业学院大数据与会计专业和大数据与财务管理专业的创新实践方法，以供其他院校借鉴参考。浙江金融职业学院的大数据与会计专业是国家重点专业、省级优势专业、省级特色专业，大数据与财务管理专业是省级特色专业，两个专业专任教师近50余名，其中教授、副教授22名，博士、硕士41名，国家万人计划教学名师1名，浙江省教学名师1名，省优秀党员1名，省优秀教师1名，省教坛新秀1名，省专业带头人3名，省“新世纪151人才”第二层次1名，第三层次2名，省高校优秀青年教师资助对象2名，省先进会计工作者1名，省三八红旗手1名，黄炎培优秀教师1名。“双师”素质教师比例在85%以上，行业兼职教师70余名，已形成由职业素质培养师、职业知识传授师、职业技能训练师构成的“三结合”育人团队。专业建设成果丰富，获国家教学成果奖一等奖1项、国家教学成果二等奖2项，浙江省教学成果一等奖2项、浙江省教学成果二等奖1项，浙江省教学团队1项；现有国家精品资源共享课1门，国家精品课程1门，省级精品课程4门，校级精品课程7门，校级精品资源共享课4门。专业以高素质技能型财会人才培养为目标，以“千日成长工程”为载体，深化“三双”人才培养模式改革，人才培养成效显著。毕业生双证书获取率100%，订单培养比例在45%以上，平均就业率在98%以上。学生多次荣获国家级荣誉，并在各类省级学科技能竞赛、创新创业大赛上取得佳绩。会计学院鲜明的专业特色，先进的教学理念，创新的教学实践，新颖的育人模式在全国财经类高职院校中享有很高的声誉。

第一节 职业面向

浙江金融职业学院大数据与会计、大数据与财务管理两个专业在确定专业面向的时候，主要以服务当地经济为主，结合当地企事业单位用人情况，按照两种专业的区分度，对大数据与会计专业毕业生的职业定位偏重于核算岗，而大数据与财务管理专业毕业生的职业定位偏向于财务管理相关岗位。具体职业面向如表7.1、表7.2所示。

表 7.1　大数据与会计专业职业面向

所属专业大类（代码）	所属专业类（代码）	对应行业（代码）	主要职业类别（代码）	主要岗位类别（技术领域）举例	职业资格（职业技能等级）证书举例
财经商贸大类（53）	财务会计类（5303）	会计、审计及税务服务（7241）	会计专业人员（2－06－03） 审计专业人员（2－06－04） 税务专业人员（2－06－05） 银行专业人员（2－06－09） 证券专业人员（2－06－11）	会计核算、会计主管、审计助理、代理记账、管理会计、会计监督、税务管理、银行柜员、客户经理、证券经纪人	初级会计资格证 初级审计师 证券/期货/银行从业资格从业资格财务共享服务职业技能等级证书 智能财税职业技能等级证书 财务数字化应用职业技能等级证书

表 7.2　大数据与财务管理专业职业面向

所属专业大类（代码）	所属专业类（代码）	对应行业（代码）	主要职业类别（代码）	主要岗位类别（技术领域）举例	职业资格（职业技能等级）证书举例
财经商贸大类（63）	财务会计类（6303）	会计、审计及税务服务（7241）	会计专业人员（2－06－03） 税务专业人员（2－06－05） 银行专业人员（2－06－09） 证券专业人员（2－06－11）	资金管理、风控专员、税务管理、智能财务、数据运营、银行柜员、客户经理	初级会计资格证 初级管理会计师 证券/期货/银行从业资格从业资格 智能财税/数字化管理会计/财务共享服务/业财一体信息化/智能估值/大数据财务分析等职业技能等级证书

第二节 培养目标和培养规格

一、培养目标

浙江金融职业学院大数据与会计、大数据与财务管理两个专业在确定培养目标的时候，依旧遵循大数据与会计专业偏核算、大数据与财务管理专业偏管理的原则进行定位。具体专业培养目标和培养规格如表7.3所示。

表7.3 专业培养目标

	大数据与会计专业	大数据与财务管理专业
培养目标	本专业培养拥护党的基本路线，适应区域经济建设和社会发展需要，面向各类企业、金融机构、会计师事务所等基层业务和管理岗位，具有诚信、合作、敬业、创新创业基本素养，掌握财务会计、税务、管理会计、财务管理、审计、大数据分析、创业创新等知识，具备企业会计核算、涉税处理、财务管理、年报审计、大数据处理、创业等能力，能从事出纳、会计、银行综合柜员、审计助理、代理记账、大数据分析等工作，同时具有德、智、体、美、劳方面全面发展、具有较强可持续发展能力的高素质技术技能型专门人才	本专业培养理想信念坚定，德、智、体、美、劳全面发展，具有一定的科学文化水平，良好的人文素养、职业道德和创新意识，精益求精的工匠精神，较强的就业能力和可持续发展的能力；适应大数据、人工智能、云计算、区块链等现代信息技术快速发展需要，掌握会计、财务、审计、税务等知识和技术技能，面向制造业、租赁和商务服务业、金融业、居民服务、修理和其他服务业等领域，能够从事出纳、会计核算、融资、投资、风险控制、税务、管理、智能财务、共享财务、数据运营等岗位工作的复合型、创新型技术技能人才

二、培养规格

培养规格从素质、知识、能力三个维度进行具体量化，学习者的学习成果和职业技能的掌握情况如表 7.4、表 7.5 所示。

表 7.4　　大数据与会计专业培养规格

素质	知识	能力
(1) 坚决拥护中国共产党领导，树立中国特色社会主义共同理想，践行社会主义核心价值观，具有深厚的爱国情感和中华民族自豪感； (2) 崇尚宪法、遵守法律、遵规守纪； (3) 遵守、履行道德准则和行为规范，具有社会责任感和社会参与意识； (4) 崇德向善、诚实守信、爱岗敬业，具有精益求精的工匠精神； (5) 具有质量意识、安全意识、职业生涯规划意识和创新思维； (6) 具有较强的集体意识和团队合作精神，良好的行为习惯和自我管理能力； (7) 具有健康的体魄、心理和健全的人格，养成良好的健身与卫生习惯；	(1) 掌握会计基础工作规范的基本要求和现金、银行存款、票据等支付结算工具的基本知识； (2) 掌握《企业会计准则》《小企业会计准则》的相关规定；掌握不同行业企业的资产、负债、所有者权益、收入、费用、利润等会计要素的确认、计量和披露原则与方法以及会计报表的编制方法；掌握互联网环境下，云财务智能会计、财务共享服务、业务财务一体化的业务处理方法； (3) 掌握会计法、合同法、公司法、财政法等财经相关法律基础知识；掌握会计人员职业道德的基本要求； (4) 掌握会计信息化的初始化以及总账、固定资产、工资、应收和应付账款等模块的基本操作方法；掌握企业 ERP 财务链与供应链的运行过程及其具体操作方法； (5) 掌握材料费用、人工费用、辅助生产费用和制造费用等费用的归集和分配方法；掌握生产费用在完工产品和在产品之间的分配方法；掌握分批法、品种法和分步法的核算方法； (6) 掌握我国现行税收法律制度的基础理论体系；掌握增值税、消费税、关税、企业所得税、个人所得税、资源税、土地增值税、土地使用税、耕地	(1) 具备识别原始凭证、填制记账凭证、登记账簿、期末对账、报表编制和分析的能力；具备准确进行企业日常经济业务会计核算的能力； (2) 具备运用互联网技术进行票据结算、财务数据申报、纳税申报等业务的互联网技术处理能力； (3) 具备利用会计信息化软件建立账务应用环境、选择与运用财务专用模块、供应链模块进行账务处理的能力； (4) 具备利用大数据和人工智能技术，进行云财务智能会计、财务共享服务、业务财务一体化的业务处理能力； (5) 具备选择适合的成本核算方法进行产品成本的核算能力、成本控制和管理的能力； (6) 具备领购和使用各类发票、填制涉税文书、进行纳税申报、申请减免税等能力；

续表

素质	知识	能力
(8) 具有一定的信息、审美和人文素养	占用税、房产税、车船税、契税、印花税、车辆购置税和城市维护建设税等税收实体法的基本要求、应纳税额的计算及其征收管理要求；掌握办理税务登记事务的基础知识和各税种的纳税申报程序； (7) 掌握企业项目投资决策、证券投资决策、资产管理、资金筹集和收益分配的基本方法；掌握企业的盈利能力、资产管理能力、偿债能力、发展能力和社会贡献能力的基本分析方法； (8) 掌握本量利分析、变动成本和作业成本的计算、战略成本管理和作业成本管理的基本方法；掌握经营预测、经营决策、全面预算、财务控制和评价的基本方法； (9) 掌握 EXCEL 编辑数据、分析数据、建立图表、使用公式和函数的方法；掌握使用 EXCEL 建账、设置账户、记账、试算平衡、编制报表的基本方法； (10) 掌握相关审计准则的基本内容；掌握风险评估、控制测试和实质性测试的基本程序和审计方法； (11) 掌握内部控制规范的基本内容；掌握内部环境、内部控制方法、主要内部控制活动的相关内容； (12) 掌握财务共享中心的财务业务处理、纳税申报、企业日常业务办理、云智能技术应用等相关内容； (13) 掌握资产负债表分析、利润表分析、现金流量表分析等财务大数据分析的相关内容；掌握业绩评价的基本方法； (14) 掌握经济、金融、理财、计算机日常操作和 Python 程序设计的基础知识；掌握基础英语和专业英语等与本专业岗位相关的基本知识； (15) 掌握创新思维和创业的含义、类型与过程，掌握创业机会的寻找与评估、创业环境分析、创业团队组建、创业融资渠道与方式、创业计划书撰写等相关知识	(7) 具备运用财务管理的基本方法进行投资、筹资、分配决策和编制财务预算、实施财务控制、进行财务分析的能力； (8) 具备运用各种审计方法和技术，拟定审计方案、实施审计程序和撰写审计报告的能力； (9) 具备运用 EXCEL 统计数据、辅助会计核算、进行财务分析的能力； (10) 具备运用内部控制方法和技术，识别企业风险、实施内部控制的能力； (11) 具备在财务共享中心进行财务业务处理、纳税申报、日常业务处理的能力； (12) 具备运用大数据分析方法进行企业财务数据分析的能力； (13) 具备一定的阅读和翻译专业英文资料的能力以及听、说、写的能力； (14) 熟悉计算机和互联网知识的应用，能利用计算机工具进行专业相关信息处理和专业业务处理； (15) 能根据主客观条件，因地制宜，准确确定创新创业的发展方向、目标、战略以及制定具体实施方案；具有一定的人员与财务管理能力；能与相关部门和个人进行有效的协调和沟通

表 7.5　大数据与财务管理专业培养规格

素质	知识	能力
(1) 坚决拥护中国共产党领导，树立中国特色社会主义共同理想，践行社会主义核心价值观，具有深厚的爱国情感和中华民族自豪感； (2) 崇尚宪法、遵守法律、遵规守纪； (3) 遵守、履行道德准则和行为规范，具有社会责任感和社会参与意识； (4) 崇德向善、诚实守信、爱岗敬业，具有精益求精的工匠精神； (5) 具有质量意识、安全意识、职业生涯规划意识和创新思维； (6) 具有较强的集体意识和团队合作精神，良好的行为习惯和自我管理能力； (7) 具有健康的体魄、心理和健全的人格，养成良好的健身与卫生习惯； (8) 具有一定的信息、审美和人文素养	(1) 掌握经济学的基本知识，掌握价格与供求关系、供给曲线、需求曲线、个别产品价格决定理论、要素市场价格决定理论、经济繁荣与衰退理论、通货膨胀与失业理论、长期经济增长与短期经济波动、国际收支与汇率变动等理论； (2) 掌握现代金融的基本知识；掌握货币的职能、货币制度、信用制度、利息与利率理论、金融市场理论、互联网金融理论； (3) 掌握会计法、合同法、公司法、票据法等财经相关法律基础知识；掌握会计人员职业道德的基本要求； (4) 掌握基础会计的基本知识，掌握原始凭证、记账凭证、账簿、会计报表、账务处理流程、财产清查等基本原理； (5) 掌握企业会计信息化的基本知识，掌握会计信息化的初始化以及总账、固定资产、工资、应收和应付账款、供应链等模块的基本操作方法；掌握互联网环境下，云财务智能会计、财务共享服务的业务处理方法； (6) 掌握企业会计准则的基本知识，掌握会计信息质量要求、资产、负债、所有者权益、收入、费用与利润的确认、计量原理，掌握财务会计报告的列报要求； (7) 掌握企业财务管理的基础知识，掌握企业项目投资决策、证券投资决策、营运管理决策、收益分配决策、资金筹集决策、预算管理、成本管控的基本原理； (8) 掌握管理会计的基本知识，掌握成本性态与成本分解；掌握项目投资的评价；掌握全面预算管理的基本方法；掌握业绩评价的主要内容和方法； (9) 掌握企业税收筹划的基本知识	(1) 能独立承担日常经济业务的会计核算工作，具备识别相关经济业务原始凭证、填制记账凭证、登记账簿、期末对账、报表编制能力； (2) 能利用会计电算化软件进行账务处理，具备利用会计电算化软件完成会计核算、供应链核算、会计报表编制能力； (3) 能利用大数据和人工智能技术进行账务处理，具备进行云财务智能会计、财务共享服务的业务处理能力； (4) 能进行产品成本的核算、成本分析和控制，熟练掌握常用的成本会计核算方法，具备控制成本降低企业成本的决策与管理能力； (5) 能编制财务预算报表，具备编制业务预算、现金预算与报表预算的能力，掌握常用的预算编制方法，包括零基预算法、弹性预算法、固定预算法、变动预算法等； (6) 能进行有效的内部控制，掌握存货、应收款、固定资产、无形资产、长期投资等资产的财务控制程序，掌握基本的财务控制方法，能够在一定的工作环境下建立相应的财务控制程序，建立相应的控制标准； (7) 能处理企业纳税筹划管理业务，具备个人所得税、企业所得税、各种流转税等税种的筹划分析，并能设计较为系统完整的筹划方案； (8) 能独立进行企业财务分析并撰写财务分析报告，掌握企业偿债能力、盈利能力、发展能力、运营能力评价的基本指标与评价方法，能够独立撰写企

续表

素质	知识	能力
	与操作方法，掌握企业所得税、个人所得税及各种流转税的筹划技巧，能够设计税收筹划方案； （10）掌握企业财务分析的基本知识，掌握企业的盈利能力、资产管理能力、偿债能力、发展能力和社会贡献能力的基本分析原理； （11）掌握管理学的基本知识，掌握战略与风险管理、计划与决策、控制与创新工作、领导管理能力培养、管理与沟通、组织行为理论； （12）掌握必需的、实用的英语知识，掌握常用英语口语、文稿书写、交际沟通、阅读理解； （13）掌握计算机和互联网知识的应用，掌握 INTERNET 应用、微软办公软件包括 Word、Excel、PowerPoint、Access、FrontPage 等基本操作； （14）掌握创新思维和创业的含义、类型与过程，掌握创业机会的寻找与评估、创业环境分析、创业团队组建、创业融资渠道与方式、创业计划书撰写等相关知识； （15）掌握 Pyathon 等基础编程语言，掌握财务机器人、大数据分析等新技术的相关知识	业整体的财务分析报告，并在其中对行业信息保持高度的敏感； （9）能利用量本利模型进行利润预测、产品开发决策、定价决策；会编制全面预算各种报表；能进行投资项目的评价与分析并作出决策；能根据业绩评价指标完成对各中心的业绩考核； （10）具备较好的英语水平，具备一定的阅读和翻译专业英文资料的能力以及听、说、写的能力； （11）具备较强的人际沟通、信息获取能力，具备较好的语言表达能力，具备良好的心理素质，具有主动、积极、较强的团队协作精神，具备快速适应新环境的能力； （12）具备较强的计算机应用能力，能够熟练应用微软办公软件从事相应的文本编辑、数据统计与分析以及 PPT 制作，能运用 Pyathon 等基础编程语言进行编程设计和运用； （13）能够熟练将财务机器人、大数据分析等新技术，应用于企业智能化财务管控模式； （14）具备能根据主客观条件，因地制宜，准确确定创新创业的发展方向、目标、战略以及制定具体实施方案；具有一定的人员和财务管理能力；能与相关部门和个人进行有效的协调和沟通

第三节 课程设置

大数据与会计专业和大数据与财务管理专业的课程结构体系都是由公共课程和专业课程两大课程体系所构成的，其中公共课程分为素质教育必修课程和校本选修课程，专业课程分为专业大类必修课程和专业拓展选修课程。大数据与会计专业主要生源来自普通高中毕业生和职业高中类毕业生，由于生源特点不同，两种学生的课程结构有所区分。大数据与财务管理专业的生源则来源于普通高中毕业生。

一、大数据与会计专业课程结构

大数据与会计专业普通高中毕业生和职业高中类毕业生的主要区别是，职业高中类毕业生在高中阶段已经全面学习了会计基础和财务管理基础的相关知识，所以在高职阶段的专业核心课中无须重复开设会计基础，高职阶段专业核心课在设置时要更多考虑如何有效进行中职和高职阶段的有效衔接，其课程设置和同类课程的课程内容会与普通高中类生源有所区分。

（1）课程设置不同。其中普通高中毕业生需要开设基础会计、财务会计等课程来加强学生会计专业理论和技能培养，而职业高中类毕业生则直接开设中级会计实务课程以完成对学生原有财务知识的提升。

（2）课程内容设置不同。两类生源的很多专业核心课名称相同，但是具体课程内容会有所区别，比如财务管理实务课程，普通高中毕业生基本是从零基础开始，所以内容选取方面更注重系统性，另外由于普通高中类毕业生在数学分析能力方面要比职业高中类毕业生有一定优势，所以在相关课程内容设置上会较职业高中类的课程内容难度略微大些；而职业高中类毕业生因其大多数在高中阶段学习过财务管理的基础知识，所以在高职阶段需要的是对其原有内容的提升和补充，在内容的选取上更加注重实操性，理论性方面会进行相对弱化。

①普通高中类毕业生会计专业课程体系如图 7.1 所示。

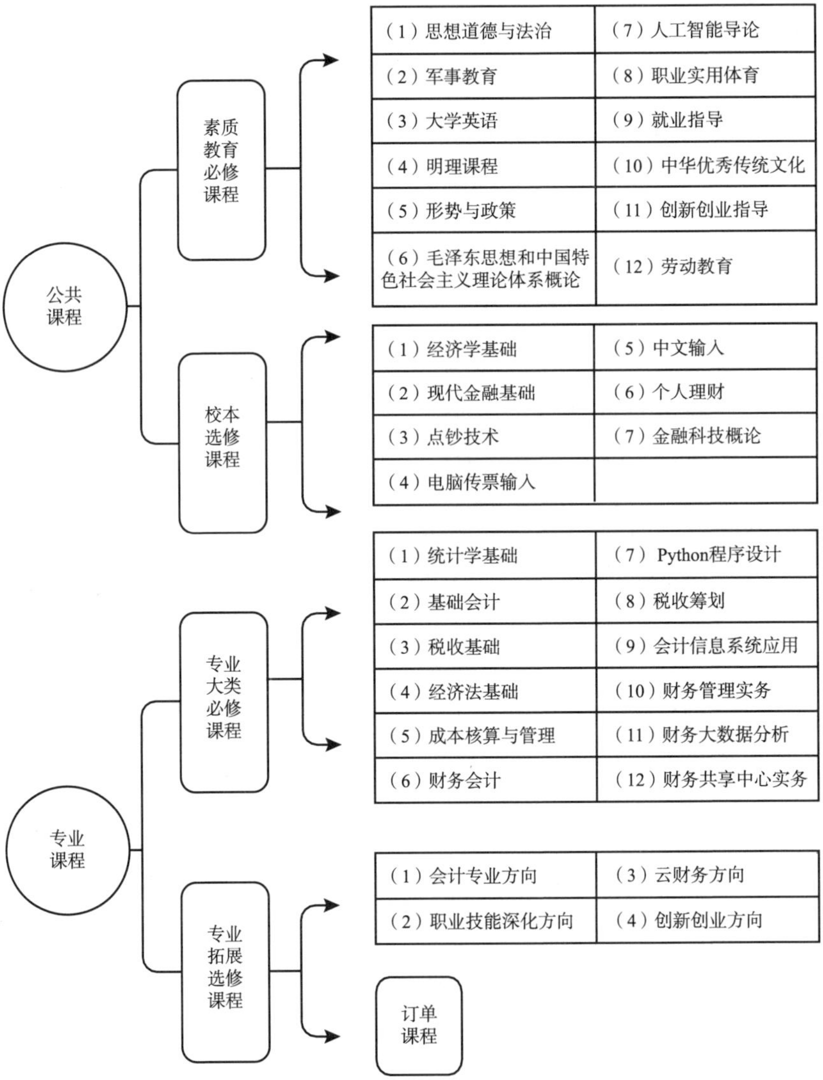

图 7.1　普通高中类毕业生会计专业课程体系

②职业高中类毕业生会计专业课程体系如图 7.2 所示。

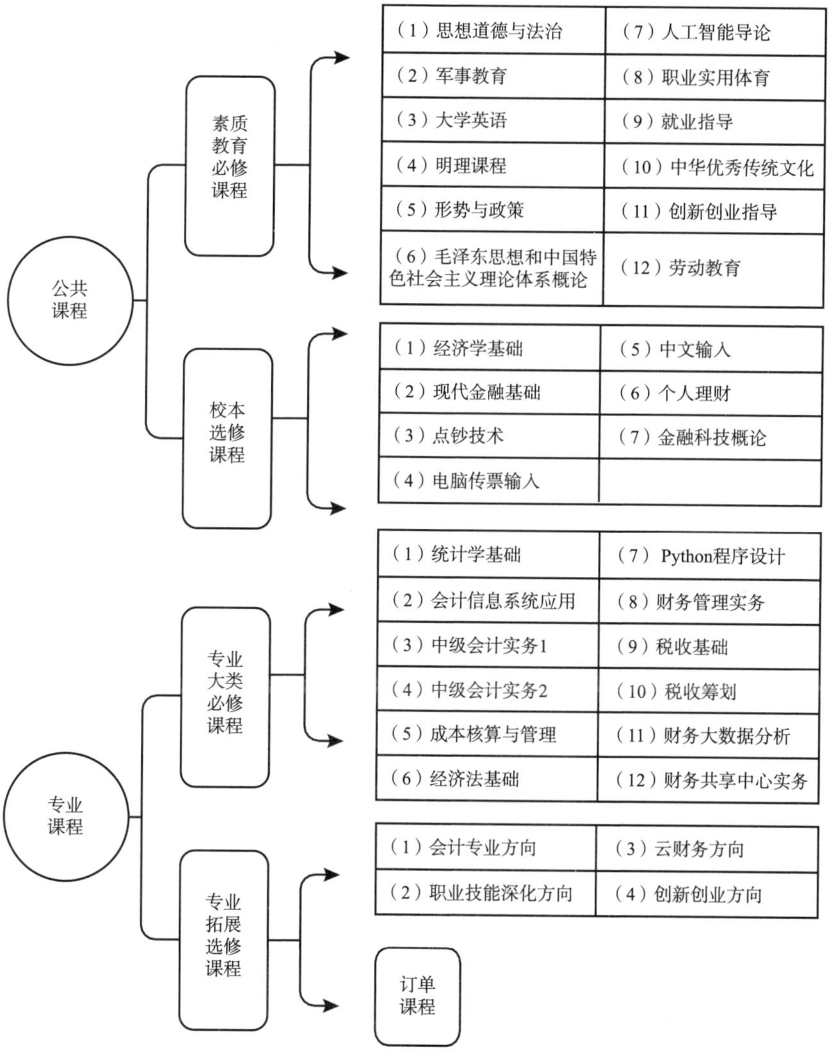

图 7.2　职业高中类毕业生会计专业课程体系

二、 大数据与财务管理专业课程结构

大数据与财务管理专业的课程设置和大数据与会计专业课程

设置方面最大的区别在于专业开设了《管理会计》和《ERP沙盘模拟实训》课程，课程设置更加强调学生财务管理能力的提升（如图7.3所示）。

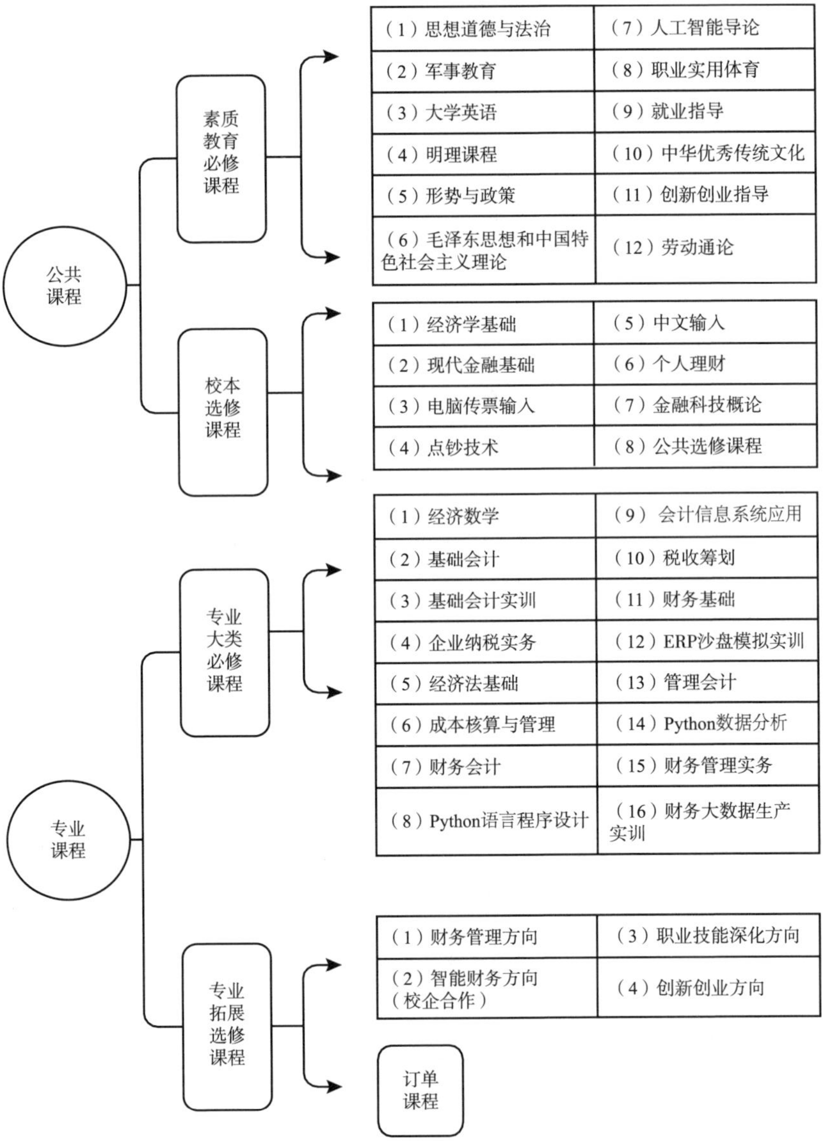

图7.3　普通高中毕业生会计专业课程体系

1. 专业核心课程

（1）大数据与会计专业核心课程设置具体内容与要求如表 7.6 所示。

表 7.6　　大数据与会计专业核心课程

序号	课程名称	课程目标	主要教学内容	主要教学要求	课程思政育人
1	基础会计	通过对会计职业最基本的职业活动和工作过程的介绍和技能训练，使学生初步了解会计工作的环境和职业道德，认识会计工作的一般流程，理解会计要素、会计等式和复式记账法的基本原理，熟练掌握填制和审核凭证、登记账簿和编制会计报表，使学生具备学习后续专业课程的专业基础能力，为其进一步学习打下良好的基础	• 原始凭证真实性、合法性、合规性和完整性的审查。电子原始凭证的填制、识别、审核、传递。达到准确识别原始凭证的要求。 • 记账凭证准确的填制。达到完成简单的采购、生产和销售业务凭证编制的要求。 • 日记账、明细账、总账的登记。达到准确完成登记各类账簿的要求。 • 会计账务处理流程运用。达到熟练选择账务处理流程进行经济业务处理的要求	• 数码字书写、点钞与手工传票翻打。能取得学院颁发点钞、电脑传票的证书。 • 原始凭证审核、记账凭证编制、账簿登记、错账更正、业务凭证的装订与保管。能达到对简单的采购、生产和销售业务进行熟练账务处理的要求	• 在内容育人方面，结合诚信为本、操守为重、坚持准则、不做假账的会计工作原则，引导学生树立正确的世界观、人生观、价值观，积极践行社会主义核心价值观，将个人职业理想与社会担当有机结合。 • 在方法育人方面，通过项目教学法、讨论法、讲授法等，将典型工作任务、实务经典案例融入课堂教学，帮助学生正确处理会计账务。 • 在实践育人方面，通过模拟课程实训、虚拟仿真实训等实践教学环节，帮助学生认知职业工作环境，熟悉岗位工作任务、建立会计职业认同，培养学生诚信、严谨、公正的职业精神

续表

序号	课程名称	课程目标	主要教学内容	主要教学要求	课程思政育人
2	财务会计	通过对企业日常业务职业活动和工作过程的介绍和技能训练，使学生掌握企业财务会计的基本理论、基本方法以及基本账务处理的操作技能；同时，通过配备职业技能实训，培养学生正确分析和解决企业会计核算的一般问题的能力，以便较好地适应从事企业会计核算的需要。培养具有一定理论素质和较强实际操作能力的应用型人才	• 会计岗位的设置及主要职责。达到完成合理设置会计岗位的基本要求。 • 货币资金、应收款项、存货、金融资产、长期股权投资、固定资产、无形资产等资产类要素的核算方法。达到准确完成资产类会计要素核算的要求。 • 应付款项、金融负债、应付债券、应交税费等负债类要素的核算方法。达到准确完成负债类会计要素核算的要求。 • 实收资本、股本、资本公积、留存收益等权益类要素的核算方法。达到准确完成权益类会计要素核算的要求。 • 主营业务收入、主营业务成本、其他业务收入、其他业务成本、投资收益、公允价值变动损益、资产减值损失、营业外收入和支出、主营业务利润、其他业务利润、营业利润、利润总额、所得税、净利润等损益类要素的核算方法。达到准确完成损益类会计要素核算的要求。 • 互联网环境下，网络会计在核算手段、核算方法上的变化	• 资产类会计要素核算方法和账务处理程序的运用。能达到对资产类会计要素进行熟练账务处理程序的要求。 • 负债类会计要素核算方法和账务处理程序的运用。能达到对负债类会计要素进行熟练账务处理程序的要求。 • 权益类会计要素核算方法和账务处理程序的运用。能达到对权益类会计要素进行熟练账务处理程序的要求。 • 收入、费用、利润会计要素核算方法和账务处理程序的运用。能达到对损益类会计要素进行熟练账务处理程序的要求	• 在内容育人方面，结合诚信为本、操守为重、坚持准则、不做假账的会计工作原则，引导学生树立正确的世界观、人生观、价值观，积极践行社会主义核心价值观，将个人职业理想与社会担当有机结合。 • 在方法育人方面，通过项目教学法、案例研讨法、情境教学法、角色扮演法等，将典型工作任务、实务经典案例融入课堂教学，帮助学生正确运用会计职业判断、解决会计信息的确认、计量和披露。 • 在实践育人方面，通过虚拟仿真实训、企业实地调研等实践教学环节，帮助学生认知职业工作环境，熟悉岗位工作任务、建立会计职业认同，培养学生客观公正、严谨细致的会计“工匠”精神

续表

序号	课程名称	课程目标	主要教学内容	主要教学要求	课程思政育人
3	会计信息系统应用	通过会计信息系统的操作训练，使学生熟悉会计信息系统物流（采购、销售、库存）、生产、财务、计划等主要功能模块的业务要求、掌握各业务模块的业务流程、并在具体会计信息系统上分业务、分岗位、分角色应用会计信息系统。培养具有会计信息系统岗位工作能力的应用型人才	● 会计信息化的初始化及总账、固定资产、工资、应收和应付账款、报表等模块的基本操作。达到能利用会计信息化软件建立账务应用环境，选择与运用财务专用模块完成业务账务处理工作的要求。 ● 会计信息系统物流（采购、销售、库存）、生产、财务、计划等主要功能模块的操作，分模块实施，依据企业信息化实施方法解决企业实际问题	● 中文输入，能达到学院颁发中文输入证书。 ● 熟练进行财务软件业务操作。 ● 熟练操作会计信息系统物流（采购、销售、库存）、生产、财务、计划等主要功能模块。能达到准确操作并解决企业实际问题的要求	● 在内容育人方面，结合总账、固定资产、工资、应收和应付账款、报表、供应链等模块的基本操作要求，培养学生严谨务实的工作作风，能够将会计职业判断与社会主义核心价值观有效结合。 ● 在方法育人方面，通过项目教学法、案例研讨法、情境教学法、角色扮演法等，将典型工作任务、实务经典案例融入课堂教学，帮助学生正确运用会计信息系统提升企业价值。 ● 在实践育人方面，通过虚拟仿真实训、企业实地调研等实践教学环节，帮助学生认知职业工作环境，熟悉岗位工作任务，培养学生求真务实、严谨谨慎的职业精神
4	成本核算与管理	通过对企业产品成本核算工作过程的学习和职业技能训练，使学生掌握成本费用的归集、分配方法，产品成本的计算方法，成本分析及绩效评价的方法。培养具有成本会计岗位工作能力的应用型人才	● 材料费用、人工费用、辅助生产费用和制造费用归集、分配和管理方法；达到准确分配料工费的要求。 ● 生产费用在完工产品和在产品之间分配方法；达到准确分配生产费用的要求。 ● 分批法、品种法和分步法的核算方法；达到准确采用产品成本核算方法进行账务处理的要求。 ● 成本分析及绩效评价的方法；达到准确计算成本差异并进行绩效评价的要求	● 直接材料分配表的编制、直接人工分配表的编制、制造费用分配表的编制。能达到准确编制要素分配表的要求。 ● 产品成本计算单的编制。能达到准确计算产品成本的要求。 ● 记账凭证编制、成本账簿登记；业务凭证的装订与保管。能达到熟练对企业产品成本进行账务处理的要求	● 在内容育人方面，结合料工费的归集和分配、产品成本计算方法和分析等内容，培养学生认真细致的工作作风，能够将会计职业精神与社会主义核心价值观有效结合。 ● 在方法育人方面，通过情境教学法、项目教学法、讨论法等，将典型工作任务、实务经典案例融入课堂教学，帮助学生正确运用成本计算和评价方法提升企业价值。 ● 在实践育人方面，通过虚拟仿真实训、企业实地调研等实践教学环节，帮助学生认知成本会计岗位工作任务，培养学生严谨细致、认真负责的会计“工匠”精神

续表

序号	课程名称	课程目标	主要教学内容	主要教学要求	课程思政育人
5	财务管理实务	通过对财务管理工作内容和职业技能的学习，使学生牢固树立企业理财观念，掌握财务管理基本理论与方法，在熟练掌握公司筹资、投资、资金营运和收益分配等财务基本技能的基础上，能灵活地根据企业特点在企业生产经营过程中的资金运动进行分析、评价及决策。培养具有财务管理岗位工作能力的应用型人才	• 企业项目投资决策。达到运用货币时间价值、净现值、内含报酬率等评价指标准确进行项目投资决策的要求。 • 证券投资决策。达到运用货币时间价值、风险价值、资金成本等评价指标准确进行证券投资决策的要求，包括 P2P 产品投资决策。 • 资产管理。达到运用存货最佳经济批量、应收账款机会成本、现金最佳持有量等评价指标准确进行资产管理决策的要求。 • 资金的筹集决策。达到运用货币时间价值、风险价值、资金成本等评价指标准确进行资金的筹集决策的要求，包括众筹模式	• 项目投资评价；能够对单一投资项目和互斥投资项目进行评价。 • 证券投资评价；能够对股票、债券、基金等证券产品作出投资决策，以及能够对 P2P 等互联网金融理财产品作出正确的投资决策。 • 资产管理评价；能够作出存货经济批量决策，能够制定信用标准。 • 资金的筹集决策；熟悉企业的筹资渠道，包括通过互联网渠道进行筹资（如 P2P 和众筹） • 资金成本与资本结构；能够正确计算各项资金成本的计算方法，包括众筹资金成本的计算分析；能够进行正确的资本结构决策。 • 利润分配政策制定	• 在内容育人方面，结合货币时间价值、筹资管理、投资管理、收入与分配管理等内容，培养学生认真细致的工作作风，能够将会计职业精神与社会主义核心价值观有效结合。 • 在方法育人方面，通过项目教学法、情境教学法、角色扮演法等，将典型工作任务、实务经典案例融入课堂教学，帮助学生正确运用财务管理评价方法提升企业价值。 • 在实践育人方面，通过虚拟仿真实训、企业实地调研等实践教学环节，帮助学生认知财务管理岗位工作任务，培养学生服务企业管理、勇于创新的职业精神

续表

序号	课程名称	课程目标	主要教学内容	主要教学要求	课程思政育人
6	税收基础	通过对我国基本税种的介绍和计算训练，使学生较全面地了解税收的基本理论和基本知识，掌握主要税种的征税规定、计税方法。培养具备税法观念，具有企业纳税岗位工作能力的应用型人才	• 企业增值税、消费税、关税等流转税的计算。达到准确计算各类流转税额的要求。 • 企业所得税、个人所得税等所得税的计算。达到准确计算各类所得税额的要求。 • 企业其他税费的计算。达到准确计算各类税费的要求	• 企业增值税、消费税、关税等流转税的计算。能达到熟练进行税费计算要求。 • 企业所得税、个人所得税等所得税的计算。能达到熟练进行税费计算要求。 • 企业其他税费的计算。能达到熟练进行税费计算要求	• 在内容育人方面，结合税费的计算和缴纳等内容，培养学生诚信务实的工作作风，能够将会计职业精神与社会主义核心价值观有效结合。 • 在方法育人方面，通过项目教学法、情境教学法、角色扮演法等，将典型工作任务、实务经典案例融入课堂教学，帮助学生正确理解税法规定、准确申报纳税。 • 在实践育人方面，通过虚拟仿真实训、企业实地调研等实践教学环节，帮助学生认知税务岗位工作任务，培养学生服务企业管理、遵纪守法的职业精神

（2）大数据与财务管理专业核心课程设置具体内容与要求如表7.7所示。

表7.7　大数据与财务管理专业核心课程

序号	课程名称	课程目标	主要教学内容	主要教学要求	课程思政育人
1	财务会计	• 达到完成合理设置会计岗位的基本要求； • 达到准确完成负债类会计要素核算的要求； • 达到准确完成损益类会计要素核算的要求	• 会计岗位的设置及主要职责。 • 货币资金、应收款项、存货、金融资产、长期股权投资、固定资产、无形资产等资产类要素的核算方法。 • 应付款项、金融负债、应付债券、应交税费等负债类要素的核算方法。 • 实收资本、股本、资本公积、留存收益等权益类要素的核算方法。 • 主营业务收入、主营业务成本、其他业务收入、其他业务成本、投资收益、公允价值变动损益、资产减值损失、营业外收入和支出、主营业务利润、其他业务利润、营业利润、利润总额、所得税、净利润等损益类要素的核算方法。 • 互联网环境下，网络会计在核算手段、核算方法上的变化	• 资产类会计要素核算方法和账务处理程序的运用。能达到对资产类会计要素进行熟练账务处理程序的要求。 • 负债类会计要素核算方法和账务处理程序的运用。能达到对负债类会计要素进行熟练账务处理程序的要求。 • 权益类会计要素核算方法和账务处理程序的运用。能达到对权益类会计要素进行熟练账务处理程序的要求。 • 收入、费用、利润会计要素核算方法和账务处理程序的运用。能达到对损益类会计要素进行熟练账务处理程序的要求	• 在内容育人方面，结合诚信为本、操守为重、坚持准则、不做假账的会计工作原则，引导学生树立正确的世界观、人生观、价值观，积极践行社会主义核心价值观，将个人职业理想与社会担当有机结合。 • 在方法育人方面，通过项目教学法、案例研讨法、情境教学法、角色扮演法等，将典型工作任务、实务经典案例融入课堂教学，帮助学生正确运用会计职业判断、解决会计信息的确认、计量和披露。 • 在实践育人方面，通过虚拟仿真实训、企业实地调研等实践教学环节，帮助学生认知职业工作环境，熟悉岗位工作任务、建立会计职业认同，培养学生客观公正、严谨细致的会计“工匠”精神

续表

序号	课程名称	课程目标	主要教学内容	主要教学要求	课程思政育人
2	财务管理实务	通过对财务管理工作内容和职业技能的学习，使学生牢固树立企业理财观念，掌握财务管理基本理论与方法，在熟练掌握公司筹资、投资、资金营运和收益分配等财务基本技能的基础上，能灵活地根据企业特点在企业生产经营过程中的资金运动进行分析、评价及决策。培养具有财务管理岗位工作能力的应用型人才	• 企业项目投资决策。达到运用货币时间价值、净现值、内含报酬率等评价指标准确进行项目投资决策的要求。 • 证券投资决策。达到运用货币时间价值、风险价值、资金成本等评价指标准确进行证券投资决策的要求，包括 P2P 产品投资决策。 • 资产管理。达到运用存货最佳经济批量、应收账款机会成本、现金最佳持有量等评价指标准确进行资产管理决策的要求。 • 资金的筹集决策。达到运用货币时间价值、风险价值、资金成本等评价指标准确进行资金的筹集决策的要求，包括众筹模式	• 项目投资评价；能够对单一投资项目和互斥投资项目进行评价。 • 证券投资评价；能够对股票、债券、基金等证券产品作出投资决策，以及能够对 P2P 等互联网金融理财产品作出正确的投资决策。 • 资产管理评价；能够作出存货经济批量决策，能够制定信用标准。 • 资金的筹集决策；熟悉企业的筹资渠道，包括通过互联网渠道进行筹资（如 P2P 和众筹） • 资金成本与资本结构；能够正确计算各项资金成本的计算方法，包括众筹资金成本的计算分析；能够进行正确的资本结构决策。 • 利润分配政策制定	• 在内容育人方面，结合货币时间价值、筹资管理、投资管理、收入与分配管理等内容，培养学生认真细致的工作作风，能够将会计职业精神与社会主义核心价值观有效结合。 • 在方法育人方面，通过项目教学法、情境教学法、角色扮演法等，将典型工作任务、实务经典案例融入课堂教学，帮助学生正确运用财务管理评价方法提升企业价值。 • 在实践育人方面，通过虚拟仿真实训、企业实地调研等实践教学环节，帮助学生认知财务管理岗位工作任务，培养学生服务企业管理、勇于创新的职业精神

续表

序号	课程名称	课程目标	主要教学内容	主要教学要求	课程思政育人
3	管理会计	• 达到能够采用回归直线法、高低点法对混合成本进行分解； • 达到能根据进行开发新开品决策、产品定价决策； • 达到能利用各种业绩评价指标对利润中心、成本中心、投资中心业绩进行评价	• 成本性态、混合成本的分解方法； • 量本利模型下目标利润制定、价格决策、产量决策、开发产品决策； • 业务预算、专门预算、财务预算的编制方法； • 净现值、现值指数、内含报酬率等项目投资评价指标及计算； • 利润中心、成本中心、投资中心各业务评价指标的计算	• 能够采用回归直线法、高低点法对混合成本进行分解； • 能根据量本利模型进行盈亏分界点计算、是否开发新开品决策、产品定价决策； • 能够正确计算各种项目投资评价指标并对项目最行选择； • 能利用各种业绩评价指标对利润中心、成本中心、投资中心业绩进行评价	• 在内容育人方面，结合管理会计工作指引相关要求，引导学生树立正确的世界观、人生观、价值观，能够将管理会计职业判断与社会主义核心价值观有效结合。 • 在方法育人方面，通过项目教学法、案例研讨法、情境教学法、角色扮演法等，将典型工作任务、实务经典案例融入课堂教学，帮助学生正确运用管理会计理论知识提升企业核心价值。 • 在实践育人方面，通过虚拟仿真实训、企业实地调研等实践教学环节，帮助学生认知职业工作环境，熟悉岗位工作任务，培养学生求真务实、严谨谨慎的财务“工匠”精神

续表

序号	课程名称	课程目标	主要教学内容	主要教学要求	课程思政育人
4	会计信息系统应用	达到能操作ERP系统物流（采购、销售、库存）、生产、财务、计划等主要功能模块。能达到准确操作并解决企业实际问题的要求	• 会计电算化的初始化及总账、固定资产、工资、应收和应付账款、报表等模块的基本操作。达到能利用会计电算化软件建立账务应用环境，选择与运用财务专用模块完成业务账务处理工作的要求。 • ERP系统物流（采购、销售、库存）、生产、财务、计划等主要功能模块的操作，分模块实施，依据企业信息化实施方法解决企业实际问题	• 熟练进行财务软件业务操作。 • 熟练操作ERP系统物流（采购、销售、库存）、生产、财务、计划等主要功能模块。能达到准确操作并解决企业实际问题的要求	• 在内容育人方面，结合总账、固定资产、工资、应收和应付账款、报表、供应链等模块的基本操作要求，培养学生严谨务实的工作作风，能够将会计职业判断与社会主义核心价值观有效结合。 • 在方法育人方面，通过项目教学法、案例研讨法、情境教学法、角色扮演法等，将典型工作任务、实务经典案例融入课堂教学，帮助学生正确运用会计信息系统提升企业价值。 • 在实践育人方面，通过虚拟仿真实训、企业实地调研等实践教学环节，帮助学生认知职业工作环境，熟悉岗位工作任务，培养学生求真务实、严谨谨慎的财务“工匠”精神
5	Python数据分析	基于财经相关职业场景，能够使用Python进行数据采集、处理分析	• Python基本语法和基本应用。 • Python采集数据、处理数据，大数据数据分析	• 掌握Python脚本语言程序设计的基本知识，掌握程序设计的基本方法，掌握程序设计的基本理论、方法和应用。 • 能够使用Python解决实际应用问题。培养学生计算思维能力、创新能力和发现问题、分析问题和解决问题的能力	• 通过掌握程序设计国家标准的有关基本规定，会查阅有关国家标准和手册，养成严格遵守和执行有关国家标准的各项规定的良好习惯。 • 通过大数据财务管理行业发展前景，引发学生对未来的职业愿景，激发学生对社会主义核心价值观的认同感

续表

序号	课程名称	课程目标	主要教学内容	主要教学要求	课程思政育人
6	内部控制与风险管理	● 完成企业内部控制制度设计、内部控制评价和内部控制审计所需知识与能力。 ● 完成相应的知识储备、技能与能力训练、形成正确的态度和价值观	● 我国内部控制制度建设与内部控制基础理论、组织架构与风险控制、发展战略与风险控制、人力资源与风险控制、社会责任与风险控制、企业文化与风险控制、设定目标、风险识别、风险分析和风险应对。 ● 不相容职务分离控制、授权审批控制、会计系统控制、财产保护控制、预算控制、运营分析控制、绩效考评控制、信息与沟通控制、内部监督体系、内部监督的程序和方法。 ● 资金活动内部控制、采购业务内部控制、资产管理内部控制、销售业务内部控制、工程项目业务控制、担保业务内部控制、财务报告内部控制、业务外包内部控制。 ● 组织内部控制评价、内部控制缺陷的认定、完成内部控制评价、内部控制审计实务流程和内部控制审计报告	● 了解内部控制建设的现实意义、组织架构、发展战略、人力资源、社会责任、企业文化及其风险控制的基础知识，掌握内部控制基础理论。 ● 了解设定目标的要求、风险识别与风险分析的要求与内容、不相容职务分离控制、授权审批控制、会计系统控制、财产保护控制、预算控制、运营分析控制、绩效考评控制的基本原理、信息与沟通的基本原理、内部监督体系的定义、内部监督的程序，掌握设定目标的方法、风险识别的方法和风险分析的方法和风险应对的策略、我国内部监督机构的设置及其各机构职责和内部监督的方法。	● 在内容育人方面，结合诚信为本、操守为重、坚持准则、不做假账的会计原则，引导学生树立正确的世界观、人生观、价值观，积极践行社会主义核心价值观。 ● 在方法育人方面，通过项目教学、案例探讨法、情景教学法，将真实案例融入课堂教学，帮助学生合理分析企业内部控制流程。 ● 在实践育人方面，通过企业实地调研等教学环节，帮助学生认知企业工作环境，熟悉企业内部风险流程并建立相应的内部控制措施，培养学生客观公正、严谨细致的“工匠”精神

续表

序号	课程名称	课程目标	主要教学内容	主要教学要求	课程思政育人
6	内部控制与风险管理			• 掌握筹资、投资、营运活动、采购业务、存货、固定资产、销售业务内部控制流程，熟悉工程项目、担保业务、财务报告和业务外包内部控制流程。 • 了解组织内部控制评价的程序与方法、组织内部控制审计的流程与方法，掌握内部控制缺陷的认定的基本原理，熟悉内部控制评价报告、内部控制评价报告	
7	企业纳税实务	通过对我国基本税种的介绍和计算训练，使学生较全面地了解税收的基本理论和基本知识，掌握主要税种的征税规定、计税方法。培养具备税法观念，具有企业纳税岗位工作能力的应用型人才	• 企业增值税、消费税、关税等流转税的计算。达到准确计算各类流转税额的要求。 • 企业所得税、个人所得税等所得税的计算。达到准确计算各类所得税额的要求。 • 企业其他税费的计算。达到准确计算各类税费的要求	• 企业增值税、消费税、关税等流转税的计算。能达到熟练进行税费计算要求。 • 企业所得税、个人所得税等所得税的计算。能达到熟练进行税费计算要求。 • 企业其他税费的计算。能达到熟练进行税费计算要求	• 在内容育人方面，结合税费的计算和缴纳等内容，培养学生诚信务实的工作作风，能够将会计职业精神与社会主义核心价值观有效结合。 • 在方法育人方面，通过项目教学法、情境教学法、角色扮演法等，将典型工作任务、实务经典案例融入课堂教学，帮助学生正确理解税法规定、准确申报纳税。 • 在实践育人方面，通过虚拟仿真实训、企业实地调研等实践教学环节，帮助学生认知税务岗位工作任务，培养学生服务企业管理、遵纪守法的职业精神

第四节 教学进程总体安排

1. 教学进程表

（1）大数据与会计专业（普高生源）教学进程如表 7.8 所示。

表 7.8　　　　大数据与会计专业（普高生源）教学进程

课程类别		课程（项目）名称	计划学时	学分	学期分配及周课时数						课程类型
					一	二	三	四	五	六	
公共课程	公共必修课程	思想道德与法治	48	3	3						*
		军事教育	36（112）	4	2				2		
		大学英语	102	6	3	3					*
		明理课程	50	3	2	1					
		形势与政策	85	2	1	1	1	1	1		
		毛泽东思想和中国特色社会主义理论体系概论	72	4		4					*
		人工智能导论	36	2		2					
		职业实用体育（高职体育）	108	6		2	2	2			*
		就业指导	18	1				1			
		中华优秀传统文化	36	2			2				
		创新创业指导	36	2				2			※
		劳动教育	（16）	1	（1）						
		小计	627	36	11	13	5	6	3	0	

续表

课程类别			课程（项目）名称	计划学时	学分	学期分配及周课时数						课程类型
						一	二	三	四	五	六	
公共课程	公共选修课程	校本选修课程	经济学基础	32	2	2						
			现代金融基础	32	2	2						
			点钞技术	16	1	1						
			电脑传票输入	16	1	1						
			中文输入	18	1		1					
			个人理财	36	2			2				
			金融科技概论	36	2				2			
		选修课程	公共选修课程	108	6							
		小计		294	17	6	1	2	2	0	0	
专业课程	专业大类必修课程		会计职业素养	(85)	(2)	(1)	(1)	(1)	(1)	(1)		
			统计学基础	32	2	2						*
			基础会计	75	5	5						*
			基础会计实训	27	(1)	27						
			税收基础	54	3		3					*
			经济法基础	36	2		2					
			成本核算与管理	54	3		3					*
			财务会计	88	5		3	2				*
			财务会计实训	27	(1)			27				
			Python 程序设计	54	3			3				
			税收筹划	54	3			3				*
			会计信息系统应用	54	3			3				*/※
			财务管理实务	54	3				3			*/★
			财务大数据分析	54	3				3			*
			财务共享中心实务	34	2				2			*
			财务机器人应用	27	(1)				27			
			小计	724	37	7	11	11	8			

续表

课程类别			课程（项目）名称	计划学时	学分	学期分配及周课时数						课程类型
						一	二	三	四	五	六	
专业课程	专业拓展选修课程	会计专业方向	Professional English for Accounting	36	2			2				★
			商务礼仪	36	2			2				
			银行会计实务	54	3				3			*
			行业会计比较	36	2				2			
			EXCEL 财务应用	30	2					2		
			审计实务	45	3					3		*
			业财一体化综合实训	45	3					3		*
			管理会计	42	3					3		*
			管理会计实训	27	(1)					27		
			出纳实务	30	2					2		
			内部控制	30	2					2		
		职业技能深化方向	商务礼仪	36	2			2				
			企业薪酬管理	36	2			2				
			智能财税应用	54	3				3			*
			全面预算管理	36	2				2			*
			EXCEL 财务应用	30	2					2		
			审计信息化应用	45	3					3		*
			大数据投融资分析	30	2					2		
			调查报告撰写	30	2					2		
			“1 + X” 职业技能等级证书课程	90	6					6		*
		云财务方向	企业经营管理沙盘	36	2			2				*
			设计思考与创造力开发	36	2			2				*
			区块链综合实践	54	3				3			
			业财一体化综合实训	36	2				2			

续表

课程类别			课程（项目）名称	计划学时	学分	学期分配及周课时数						课程类型
						一	二	三	四	五	六	
专业课程	专业拓展选修课程	云财务方向	内部控制	45	3					3		*
			财务共享服务业务处理	45	3					3		*
			云财务智能会计	45	3					3		*
			专业综合实训	45	3					3		
			调查报告撰写	45	3					3		
		创新创业方向	创业策划	36	2			2				※
			创业企业营销策划	36	2			2				*/※
			浙商案例解析	54	3				3			*/※
			网店装修	36	2				2			※
			商务礼仪	30	2					2		
			创业企业人力资源管理	45	3					3		*/※
			市场调研	45	3					3		*/※
			网店运营管理	45	3					3		*/※
			创业计划书编制技巧	30	2					2		※
			调查报告撰写	30	2					2		
			小计	411	24	0	0	4	5	15		
		订单课程	订单企业的行业背景介绍									
			订单企业岗位业务流程及标准操作系统									
			订单岗位职业资格考证									
			订单企业的企业文化									
			订单企业特殊知识能力要求									
			小计	255	17							
社会实践课程	必修课程		明理实践	（40）	1							
			认知实习（创新创业认知）	（40）	1							
			校内企业实践	（85）	（2）	（1）	（1）	（1）	（1）	（1）		

续表

<table>
<tr><th colspan="2" rowspan="2">课程类别</th><th colspan="2" rowspan="2">课程（项目）名称</th><th rowspan="2">计划学时</th><th rowspan="2">学分</th><th colspan="6">学期分配及周课时数</th><th rowspan="2">课程类型</th></tr>
<tr><th>一</th><th>二</th><th>三</th><th>四</th><th>五</th><th>六</th></tr>
<tr><td rowspan="14">社会实践课程</td><td rowspan="14">限选课程</td><td rowspan="4">跟岗实习</td><td>会计专业方向</td><td rowspan="4">（90）</td><td rowspan="4">5</td><td rowspan="4"></td><td rowspan="4"></td><td rowspan="4"></td><td rowspan="4"></td><td rowspan="4"></td><td rowspan="4"></td><td rowspan="4"></td></tr>
<tr><td>职业技能深化方向</td></tr>
<tr><td>云财务方向</td></tr>
<tr><td>创新创业方向</td></tr>
<tr><td rowspan="4">顶岗实习</td><td>会计专业方向</td><td rowspan="4">540</td><td rowspan="4">18</td><td rowspan="4"></td><td rowspan="4"></td><td rowspan="4"></td><td rowspan="4"></td><td rowspan="4"></td><td rowspan="4"></td><td rowspan="4"></td></tr>
<tr><td>职业技能深化方向</td></tr>
<tr><td>云财务方向</td></tr>
<tr><td>创新创业方向</td></tr>
<tr><td rowspan="4">毕业设计</td><td>会计专业方向</td><td rowspan="4">90</td><td rowspan="4">5</td><td rowspan="4"></td><td rowspan="4"></td><td rowspan="4"></td><td rowspan="4"></td><td rowspan="4"></td><td rowspan="4"></td><td rowspan="4"></td></tr>
<tr><td>职业技能深化方向</td></tr>
<tr><td>云财务方向</td></tr>
<tr><td>创新创业方向</td></tr>
<tr><td colspan="2">创新创业实践</td><td>（630）</td><td>（23）</td><td></td><td></td><td></td><td></td><td></td><td></td><td>※</td></tr>
<tr><td colspan="2">小计</td><td>630</td><td>30</td><td></td><td></td><td></td><td></td><td></td><td></td><td></td></tr>
<tr><td colspan="4">合计</td><td>2686</td><td>144</td><td>24</td><td>25</td><td>22</td><td>21</td><td>18</td><td></td><td></td></tr>
</table>

注：(1) * 为考试课程，※为创新创业教育类课程，★为双语课程；(2) 明理课程包括《诚信文化理论与实践》《明理人生通论》《大学生心理健康教育》《大学生职业生涯规划》；(3) 专业选修课程中方向课程与订单课程二选一；(4) 完成“职业素养读本”学习，获得 1 学分；(5) 军事教育，其中“军事理论”2 学分，36 学时；“军事技能”2 学分，实际训练时间不少于 14 天 112 学时；(6) 概论课程理论讲授 54 学时，实践 18 学时；(7) 公共选修课程包括校内公选课程、校际公选课程、国际化素养课程、淑女学院课程、自主学习平台网络选修课程、创新创业网络课程；(8) 建议全体同学选修美育类课程和国际化素养课程，女生选择一门淑女学院课程；(9) 创新创业实践和创新创业项目可以替换顶岗实习和毕业设计课程的学时与学分；(10) 第一学期包含始业教育（2 周）、认知实习（1 周）、明理实践（1 周）、课堂教学（16 周），教学周为 20 周；第二学期包含认知实习（2 周）、课堂教学（18 周），教学周为 20 周；第三学期包含跟岗实习（2 周）、课堂教学（18 周），教学周为 20 周；第四学期包含跟岗实习（2 周）、顶岗实习（4 周）、课堂教学（18 周），教学周为 24 周；第五学期包含顶岗实习（4 周）、职业指导（1 周）、订单学习（15）周，教学周 20 周；第六学期包含顶岗实习（16 周）、毕业设计（4 周），教学周为 20 周；(11) 始业教育包括军训、禁毒防艾知识教育、文明礼仪教育、校规校纪解读、安全教育、三维文化教育、投资者教育、专业教育、职业生涯规划、诚信文化理论与实践教育、大学生学习生活指导与千日成长指南；(12) 劳动教育课程采用线上理论学习与线下实践相结合的模式；(13) “四史”类课程为选择性必修课程，每位同学至少从“四史”专题网络课中选修 1 门。

（2）大数据与会计专业（职业高中生源）教学进程如表7.9所示。

表7.9　　大数据与会计专业（职业高中生源）教学进程

课程类别			课程（项目）名称	计划学时	学分	学期分配及周课时数						课程类型
						一	二	三	四	五	六	
公共课程	公共必修课程		思想道德与法治	48	3	3						*
			军事教育	36（112）	4	2				2		
			大学英语	102	6	3	3					*
			明理课程	50	3	2	1					
			形势与政策	85	2	1	1	1	1	1		
			毛泽东思想和中国特色社会主义理论体系概论	72	4		4					*
			人工智能导论	36	2		2					
			职业实用体育（高职体育）	108	6		2	2	2			*
			就业指导	18	1				1			
			中华优秀传统文化	36	2			2				
			创新创业指导	36	2				2			※
			劳动教育	（16）	1	（1）						
			小计	627	36	11	13	5	6	3	0	
	公共选修课程	校本选修课程	经济学基础	32	2	2						
			现代金融基础	32	2	2						
			点钞技术	16	1	1						
			电脑传票输入	16	1	1						
			中文输入	18	1		1					
			个人理财	36	2			2				
			金融科技概论	36	2				2			

续表

课程类别			课程（项目）名称	计划学时	学分	学期分配及周课时数						课程类型
						一	二	三	四	五	六	
公共课程	公共选修课程	选修课程	公共选修课程	108	6							
		小计		294	17	6	1	2	2	0	0	
专业课程	专业大类必修课程		会计职业素养	(85)	(2)	(1)	(1)	(1)	(1)	(1)		
			税收基础	48	3	3						
			会计信息系统应用	48	3	3						*/※
			中级会计实务 1	48	3	3						*
			中级会计实务 2	72	4		4					*
			财务管理实务	54	3		3					*
			经济法基础	36	2		2					
			统计学基础	36	2			2				*
			成本核算与管理	54	3			3				*
			税收筹划	54	3			3				*/★
			Python 程序设计	54	3			3				
			财务大数据分析	54	3				3			*
			财务共享中心实务	32	2				2			*
			财务机器人应用	27	(1)				27			
			小计	617	34	9	9	11	5	0	0	
	专业拓展选修课程	会计专业方向	Professional English for Accounting	36	2			2				★
			商务礼仪	36	2			2				
			银行会计实务	54	3				3			*
			业财一体化综合实训	54	3				3			*
			EXCEL 财务应用	36	2				2			
			行业会计比较	30	2					2		*
			审计实务	45	3					3		*
			管理会计	42	3					3		*

续表

课程类别			课程（项目）名称	计划学时	学分	学期分配及周课时数						课程类型
						一	二	三	四	五	六	
专业课程	专业拓展选修课程	会计专业方向	管理会计实训	27	（1）					27		
			出纳实务	30	2					2		
			内部控制	45	3					3		
			调查报告撰写	30	2					2		
		职业技能深化方向	商务礼仪	36	2			2				★
			企业薪酬管理	36	2			2				
			智能财税应用	54	3				3			*
			全面预算管理	54	3				3			*
			EXCEL 财务应用	36	2				2			
			财务数字化应用	30	2					2		*
			审计信息化应用	45	3					3		*
			大数据投融资分析	30	2					2		
			调查报告撰写	30	2					2		
			“1 + X” 职业技能等级证书课程	90	6					6		*
		云财务方向	设计思考与创造力开发	36	2			2				*
			区块链综合实践	36	2			2				
			企业经营管理沙盘	54	3				3			*
			业财一体化综合实训	54	3				3			
			演讲与口才	36	2				2			
			大数据商业分析	45	3					3		*
			财务共享服务业务处理	45	3					3		*
			云财务智能会计	45	3					3		*
			专业综合实训	45	3					3		
			调查报告撰写	45	3					3		

续表

课程类别			课程（项目）名称	计划学时	学分	学期分配及周课时数						课程类型
						一	二	三	四	五	六	
专业课程	专业拓展选修课程	创新创业方向	创业策划	36	2			2				※
			商务礼仪	36	2			2				
			浙商案例解析	54	3				3			*/※
			创业企业营销策划	54	3				3			*/※
			演讲与口才	36	2				2			
			创业企业人力资源管理	45	3					3		*/※
			市场调研	45	3					3		*/※
			网店运营管理	45	3					3		*/※
			网店装修	30	2					2		※
			创业计划书编制技巧	30	2					2		※
			调查报告撰写	30	2					2		
			小计	415	27	0	0	4	8	15		
		订单课程	订单企业的行业背景介绍									
			订单企业岗位业务流程及标准操作系统									
			订单岗位职业资格考证									
			订单企业的企业文化									
			订单企业特殊知识能力要求									
			小计	255	17							
社会实践课程	必修课程		明理实践	(40)	1							
			认知实习（创新创业认知）	(40)	1							
			校内企业实践	(85)	(2)	(1)	(1)	(1)	(1)	(1)		
	限选课程	跟岗实习	会计专业方向	(90)	5							
			职业技能深化方向									
			云财务方向									
			创新创业方向									

续表

课程类别		课程（项目）名称		计划学时	学分	学期分配及周课时数						课程类型
						一	二	三	四	五	六	
社会实践课程	限选课程	顶岗实习	会计专业方向	540	18							
			职业技能深化方向									
			云财务方向									
			创新创业方向									
		毕业设计	会计专业方向	90	5							
			职业技能深化方向									
			云财务方向									
			创新创业方向									
		创新创业实践		（630）	（23）							※
		小计		630	30							
合计				2583	144	26	23	22	21	18		

注：（1）＊为考试课程，※为创新创业教育类课程，★为双语课程；（2）明理课程包括《诚信文化理论与实践》《明理人生通论》《大学生心理健康教育》《大学生职业生涯规划》；（3）专业选修课程中方向课程与订单课程二选一；（4）完成“职业素养读本”学习，获得1学分；（5）军事教育，其中“军事理论”2学分，36学时；“军事技能”2学分，实际训练时间不少于14天112学时；（6）概论课程理论讲授54学时，实践18学时；（7）公共选修课程包括校内公选课程、校际公选课程、国际化素养课程、淑女学院课程、自主学习平台网络选修课程、创新创业网络课程；（8）建议全体同学选修美育类课程和国际化素养课程，女生选择一门淑女学院课程；（9）创新创业实践和创新创业项目可以替换顶岗实习和毕业设计课程的学时与学分；（10）第一学期包含始业教育（2周）、认知实习（1周）、明理实践（1周）、课堂教学（16周），教学周为20周；第二学期包含认知实习（2周）、课堂教学（18周），教学周为20周；第三学期包含跟岗实习（2周）、课堂教学（18周），教学周为20周；第四学期包含跟岗实习（2周）、顶岗实习（4周）、课堂教学（18周），教学周为24周；第五学期包含顶岗实习（4周）、职业指导（1周）、订单学习（15）周，教学周20周；第六学期包含顶岗实习（16周）、毕业设计（4周），教学周为20周；（11）始业教育包括军训、禁毒防艾知识教育、文明礼仪教育、校规校纪解读、安全教育、三维文化教育、投资者教育、专业教育、职业生涯规划、诚信文化理论与实践教育、大学生学习生活指导与千日成长指南；（12）劳动教育课程采用线上理论学习与线下实践相结合的模式；（13）“四史”类课程为选择性必修课程，每位同学至少从“四史”专题网络课中选修1门。

（3）大数据与财务管理专业教学进程如表 7.10 所示。

表 7.10　　　　大数据与财务管理专业教学进程

课程类别			课程（项目）名称	计划学时	学分	学期分配及周课时数						课程类型
						一	二	三	四	五	六	
公共课程	公共必修课程		思想道德与法治	48	3	3						*
			军事教育	36 （112）	4	2				2		
			大学英语	102	6	3	3					*
			明理课程	50	3	2	1					
			形势与政策	85	2	1	1	1	1	1		
			毛泽东思想和中国特色社会主义理论体系概论	72	4		4					*
			人工智能导论	36	2		2					
			职业实用体育	108	6		2	2	2			*
			就业指导	18	1				1			
			中华优秀传统文化	36	2			2				
			创新创业指导	36	2				2			※
			劳动通论	（16）	1	（1）						
			小计	627	36	11	13	5	6	3	0	
	公共选修课程	校本选修课程	经济学基础	32	2	2						
			现代金融基础	32	2	2						
			点钞技术	16	1	1						
			电脑传票输入	16	1	1						
			中文输入	18	1		1					
			个人理财	36	2			2				
			金融科技概论	36	2				2			
		选修课程	公共选修课程	108	6							
			小计	294	17	6	1	2	2	0	0	

续表

课程类别			课程（项目）名称	计划学时	学分	学期分配及周课时数						课程类型
						一	二	三	四	五	六	
专业课程	专业大类必修课程		会计职业素养	(85)	(2)	(1)	(1)	(1)	(1)	(1)		
			经济数学	64	4	4						
			基础会计	96	5	6						*
			基础会计实训	32	1	2						
			企业纳税实务	54	3		3					*
			经济法基础	36	2		2					
			统计学基础	36	2		2					
			财务会计	108	6		6					*
			成本核算与管理	54	3			3				*
			Python 语言程序设计	72	4			4				
			会计信息系统应用	54	3			3				*/※
			税收筹划	54	3			3				*
			内部控制与风险管理	36	2				2			
			Python 数据分析	72	4				4			*
			财务管理实务	72	4				4			*
			Professional English for Accounting	36	2				2			★
			财务大数据生产实训	27	(1)				(27)			
			小计	903	48	12	13	13	12	0	0	
		财务管理方向	业财一体化综合实训	45	3					3		
			管理会计	45	3					3		*/★
			财务大数据分析	30	2					2		*
			财务分析	30	2					2		
			EXCEL 财务应用	30	2					2		
			财务共享中心实务实训	27	(1)					(27)		
			财务管理综合实训	27	(1)					(27)		

续表

课程类别			课程（项目）名称	计划学时	学分	学期分配及周课时数						课程类型
						一	二	三	四	五	六	
专业课程		智能财务方向（校企合作）	企业行业背景及企业文化									
专业课程		智能财务方向（校企合作）	企业岗位业务流程及财务系统的操作									
专业课程		智能财务方向（校企合作）	企业岗位职业资格和职业技能登记证书									
专业课程		智能财务方向（校企合作）	企业智能财务岗位的规范处理									
专业课程		智能财务方向（校企合作）	企业业务财务岗位的规范处理									
专业课程		智能财务方向（校企合作）	企业财务处理特殊知识、能力要求									
专业课程		职业技能深化方向	大数据投融资分析									
专业课程		职业技能深化方向	会计制度设计	30	2					2		
专业课程		职业技能深化方向	智能财税应用	30	2					2		*
专业课程		职业技能深化方向	数据建模与可视化	45	3					3		*
专业课程		职业技能深化方向	大数据运维管理实训	54	(2)					(27)		
专业课程		职业技能深化方向	“1+X”职业技能等级证书课程	45	3					3		*
专业课程		创新创业方向	创业策划	30	2					2		*/※
专业课程		创新创业方向	市场调研	30	2					2		※
专业课程		创新创业方向	浙商案例解析	30	2					2		*/※
专业课程		创新创业方向	创业企业人力资源管理	30	2					2		*/※
专业课程		创新创业方向	网店装修与运营管理	30	2					2		※
专业课程		创新创业方向	创业计划书编制技巧	30	2					2		※
专业课程		创新创业方向	创新创业实训	54	(2)					(27)		
专业课程		创新创业方向	小计	234	12	0	0	0	0	12	0	
专业课程		订单课程	订单企业的行业背景介绍									
专业课程		订单课程	订单企业岗位业务流程及标准操作系统									
专业课程		订单课程	订单岗位职业资格考证									
专业课程		订单课程	订单企业的企业文化									
专业课程		订单课程	订单企业特殊知识能力要求									
专业课程		订单课程	小计	255	17							
社会实践课程	必修课程		明理实践	(40)	1							
社会实践课程	必修课程		认知实习（创新创业认知）	(40)	1							
社会实践课程	必修课程		校内企业实践	(85)	(2)	(1)	(1)	(1)	(1)	(1)		

续表

课程类别		课程（项目）名称		计划学时	学分	学期分配及周课时数						课程类型
						一	二	三	四	五	六	
社会实践课程	限选课程	跟岗实习	会计专业方向	（90）	5							
			职业技能深化方向									
			云财务方向									
			创新创业方向									
		顶岗实习	会计专业方向	540	18							
			职业技能深化方向									
			云财务方向									
			创新创业方向									
		毕业设计	会计专业方向	90	5							
			职业技能深化方向									
			云财务方向									
			创新创业方向									
		创新创业实践		（630）	（23）							※
		小计		630	30							
合计				2688	143	29	27	20	20	15		

注：（1）＊为考试课程，※为创新创业教育类课程，★为双语课程；（2）明理课程包括《诚信文化理论与实践》《明理人生通论》《大学生心理健康教育》《大学生职业生涯规划》；（3）专业选修课程中方向课程与订单课程二选一；（4）完成“职业素养读本”学习，获得1学分；（5）军事教育，其中“军事理论”2学分，36学时；“军事技能”2学分，实际训练时间不少于14天112学时；（6）概论课程理论讲授54学时，实践18学时；（7）公共选修课程包括校内公选课程、校际公选课程、国际化素养课程、淑女学院课程、自主学习平台网络选修课程、创新创业网络课程；（8）建议全体同学选修美育类课程和国际化素养课程，女生选择一门淑女学院课程；（9）创新创业实践和创新创业项目可以替换顶岗实习和毕业设计课程的学时与学分；（10）第一学期包含始业教育（2周）、认知实习（1周）、明理实践（1周）、课堂教学（16周），教学周为20周；第二学期包含认知实习（2周）、课堂教学（18周），教学周为20周；第三学期包含跟岗实习（2周）、课堂教学（18周），教学周为20周；第四学期包含跟岗实习（2周）、顶岗实习（4周）、课堂教学（18周），教学周为24周；第五学期包含顶岗实习（4周）、职业指导（1周）、订单学习（15）周，教学周20周；第六学期包含顶岗实习（16周）、毕业设计（4周），教学周为20周；（11）始业教育包括军训、禁毒防艾知识教育、文明礼仪教育、校规校纪解读、安全教育、三维文化教育、投资者教育、专业教育、职业生涯规划、诚信文化理论与实践教育、大学生学习生活指导与千日成长指南；（12）劳动教育课程采用线上理论学习与线下实践相结合的模式；（13）“四史”类课程为选择性必修课程，每位同学至少从“四史”专题网络课中选修1门。

2. 课程学时与学分分配表

（1）大数据与会计专业普高生源和职高生源课程学时分配分别如表7.11、表7.12所示。

表7.11　　普高生源课程学时分配

课程类别		要求学时数	占课内教学总学时比例（%）	要求学分数	占总学分的比例（%）
公共课程	公共必修课程	627	23.36	36	26.28
	公共选修课程	294	10.95	17	12.41
专业课程	专业大类必修课程	724	26.90	37	27.01
	专业拓展选修课程	411	15.32	24	17.52
社会实践课程	顶岗实习	540	20.12	18	13.14
	毕业设计	90	3.35	5	3.64
总计		2758	100	100	100

表7.12　　职高生源课程学时分配

课程类别		要求学时数	占课内教学总学时比例（%）	要求学分数	占总学分的比例（%）
公共课程	公共必修课程	627	24.27	36	26.28
	公共选修课程	294	11.38	17	12.41
专业课程	专业大类必修课程	617	23.89	34	24.82
	专业拓展选修课程	415	16.07	27	19.71
社会实践课程	顶岗实习	540	20.91	18	13.14
	毕业设计	90	3.48	5	3.64
总计		2634	100	100	100

（2）大数据与财务管理专业课程学习分配如表 7.13 所示。

表 7.13　　　　课程学时分配

课程类别		要求学时数	占课内教学总学时比例（%）	要求学分数	占总学分的比例（%）
公共课程	公共必修课程	627	23.33	36	26.47
	公共选修课程	294	10.94	17	12.50
专业课程	专业大类必修课程	903	33.59	48	35.29
	专业拓展选修课程	234	8.71	12	8.82
社会实践课程	顶岗实习	540	20.09	18	13.24
	毕业设计	90	3.35	5	3.68
总计		2688	100	136	100

第五节 教学保障

1. 师资队伍

浙江金融职业学院大数据专业和大数据与财务管理专业构建了一支“双师结构”理想、学院结构合理的高素质师资队伍。教学团队教学水平高、科研能力强、信息化水平高，职称结构和年龄结构呈现层次化、梯队化的特点。专业注重师资队伍的建设，依托学院“教师千万培养工程”，全面贯彻实施师德教风提升计划、“金晖学者”培养计划、专业领军人才培养计划、学术（学科）领军人才培养计划、国际化领军人才培养计划、专业建设能力提升计划、教师课程建设能力提升计划、“金星闪光”培养计划、博士培养计划、“双师”培养计划、专业教师实践能力提升计划、青年教师助讲培养计划、青年教师教学能力提升计划，不断提升教师的教育教学能力、科学研究能力和社会服务能力。同时，建立兼职教师选用和管理制度，强调兼职教师的行业企业实际工作经历，重视兼职教师创新创业经验和实务工作能力，加强对兼职教师队伍的建设与管理。

大数据与会计专业师资队伍中专任教师30名，拥有高级职称教师12名，入选浙江省21世纪151人才、浙江省优秀教师、浙江省教学名师、浙江省高职高专专业带头人、浙江省高校优秀青年教学培养对象多人。同时，在整合校内专业教学力量和社会教学力量的基础上，融入校内人文素质教学力量，形成由职业知识传授师、职业技能训练师、职业素质培养师组成的“三结合”育人团队，团队以专业为中心，集知识传授、能力训练、素质培养三项功能为一体，深度开展三方的合作育人。专业专兼职教师比例达到1∶1，兼职教师均来自省内知名企业、金融机构、行政事业单位、会计师事务所一线工作岗位及管理岗位，具有多年的会计实践工作经验，是会计专业人才培养工作宝贵的校外资源。

大数据与财务管理专任教师数量为10人、双肩挑教师7人、生师比为17∶1，专业师资年龄分布科学，师资梯队层次合理，学历层次较高，具有较高的信息化水平。师资队伍中有多人入选浙江省21世纪151人才、浙江省优秀教师、浙江省教学名师、浙江省高职高专专业带头人、浙江省高校优秀青年教学培养对象，师资水平整体较强，多数教师取得了“双师”资格认证，具有较为丰富的一线从业经历。专业校外兼职教师18人，专兼职教师比例达1:1，兼职教师均来自省内知名企业、金融机构、行政事业单位、会计师事务所一线工作岗位及管理岗位，具有多年的财务实践工作经验，为财务管理专业人才培养工作提供了有利的校外师资条件。

2. 教学设施

（1）多媒体教室。

校内拥有数量充足的多媒体教室，多媒体教室拥有投影仪、白板、电脑、话筒、空调等现代化教学设备，可以很好地满足学生的学习需求、教师的教学需求和社会服务的相关需求，同时也能满足一些必要的实践性教学需求。

（2）校内实训基地。

校内实训教学依托会计学院校企合作有机体开展实训教学工作，实训场所主要包括财务管理中心、云会计财务共享中心、会计工场、税务工场等，各实训场所均配有功能先进的软硬件设施，环境布置仿真化。可满足基础会计、财务会计、营运管理、投资管理、筹资管理、会计信息系统应用、管理会计、财务分析与业绩评价、企业纳税实务、成本核算与管理等课程的实践教学任务，实现了学生仿真模拟实训的需求。

（3）校外实训基地。

学校会计学院高度重视产教融合，在深化产教融合方面一直不断进行探索，大数据与会计专业和大数据与财务管理专业与校外知名企业、金融机构、行政事业单位、会计师事务所密切联系，与校外行业企业建立了长效合作机制。与新道科技股份有限公司合作进行人才培养，成立了财务共享服务人才培养订单班，通过订单班的形式改革人才培养模式。目前学院已与多家企业单位签订长期合作协议，为学生开展跟岗实习、认知实习和毕业实习提供了必要的场所，学生可以依托校外建立的实训场所来进行社会实践锻炼。

3. 教学资源

学校层面拥有丰富的图书资源，以金融、会计等经济类文献为重点，构建涵盖全校多学科的文献资源体系。目前学校的图书馆馆藏纸质图书100万余册，报刊1300多种，电子图书35万册，数字资源34种，并拥有由省财政资助、学院资金配套建设的“货币金融博览馆”和“票据博览馆”等特色资源。

大数据与会计专业积极推进产教融合，与企业共同开发了一系列立体化新型教材，建立了丰富的立体化教学资源，有效适应“互联网+”背景下的教育教学，满足学生和教师的学习需求。大数据与会计专业是会计专业国家级教学资源库参建单位，是“企业财务会计”课程子项目责任单位，具备丰富的专业教学资源。目前已建立多层次的教学资源，包括校内自主学习平台在线课程资源、浙江省高等院校在线开放课程资源、智慧职教会计专业教学资源库等，构建了校级、省级、国家级三级教学资源体系。

大数据与财务管理专业针对专业所有课程建立突出工匠精神和职业能力培养的专业课程标准，课程标准具备科学性、先进性、规范性和完备性；专业现有国家财务管理专业教学资源库（备选）一项；现有国家级、省级、校级精品在线开放课程共计7门；并就相关课程开发了一系列教学资源，包括教材、微课资源、系统库、案例库等在线开放的教学资源。

4. 教学方法

对接国家学分银行，开展“1+X”试点工作，以企业产业需求、企业岗位（群）要求和职业技能等级标准为依据，在岗位职业能力分析的基础上，根据专业人才培养目标定位，校企合作设置课程体系，课程内容与财会行业职业标准对接，教学过程与财会业务流程对接，强化学生素质培养，进行模块化教学活动设计。在专业基础课中强化案例型教学法运用，巩固学生对专业知识的理解和知识体系的架构；在专业实务课中着重工作过程导向的项目式教学，强化学生主体作用，调动学生积极性。加强对财会类专业国家教学资源库、各级精品在线开放课程等丰富优质的教学资源的运用。采用混合式、翻转课堂等多种教学模式，运用虚拟现实、云计算等技术，根据实际教学活动重组教学资源，将专业面向的岗位工作场景转化为数字化模拟应用场景，通过项目教学、情景教学、案例教学等多种教学方法，解决财会类专业的实践教学难题。建设智能化的管理、实训、学习系统，采集记录教与学全过程行为数据，开展学情分析，了解学生知识基础和个性特点，促进学生自主、泛在、个性化学习，实现课内与课外、线上与线下的有效融合推行项目化教学、案例教学、情境教学、研讨式教学等多种教学方法在教学过程中的应用。推动大数据、人工智能等现代信息技术在教育教学中的应用，促进各种教学方法的纵深运用与发展，结合各门课程的自身特色及教师的教学风格，使每门课程的项目化教学、案例教学、情境教学等教学方法在课程的运用上更加成熟，更加有效。

鼓励教师不断加强教学方法与教学手段的创新，积极充分运用互联网资源丰富教学内容和完善教学手段，有效利用现有教学设施条件，积极开展多种教学手段的创新，使教学方法和教学手段都能充分体现每门课程的教学特色。探索并开展各门课程的微课教学模式以及翻转课堂教学模式。此外，利用网络多媒体信息技术实现主要课程的资源上网，建立自主学习型网络课程，课程素材全面覆盖教学内容、授课教案、教学方法与手段、课程标准、实训大纲、实训指导书、多媒体教学课件、教学录像、案例库、习题库、试题库等内容。

5. 学习评价

在评价主体上，依托高水平、结构化教师教学创新团队，推动校企共同开展对学生学习效果的评价。在评价手段上，对接智能时代人才培养需求，依托大数据、人工智能等技术，整合校内外优质数字化教学资源，升级自主学习平台智能教学功能，实现学生学习行为、学习效果的实时跟踪、反馈及自适应调整。在评价方式上，采用客观的定性评价与定量评价相结合、过程考核与结果考核相结合、校外评价与校内评价相结合，改变以往期末考试一张试卷决定考核成绩的方式，采用多元化多维指标综合评定，逐步加大平时表现及平时实训成绩所占的比例。针对培养学生基本职业能力素养的专业基础能力实践课程系列，通过专门设计的操作考核标准系统进行客观评价，也可以通过以证代考、课证融合的方式进行课程评价。对于专业核心能力实践课程系列，采用基于商业银行业务操作流程的项目化教学，在评价时结合课堂提问、学生作业、平时测验、实验实训、网络教学平台学习数据与成绩、期末考试情况，将过程考核和结果考核相结合，综合评定学生成绩。对于学生的专业实习教学环节评价，主要以实习企业评价为主，依据实习企业指导教师对学生知识、技能和学习能力、工作态度等实习情况的综合评定认定学生的专业实习成绩。

（1）人才培养质量评价指标体系。

大数据与会计专业和大数据与财务管理专业建立的评价指标保障体系，主要包括培养目标、培养过程和培养质量三个部分（如表 7.14 所示）。

表 7.14　　专业人才培养质量评价指标体系

序号	指标		内容
1	培养目标		人才培养方案人才培养目标定位的准确性，与产业发展的一致性，具有一定的前瞻性
2	培养过程	课程体系	课程体系的系统性、符合职业发展的规律性，创新创业教育的实践性，校企合作开发课程占总课程数量的 50%，实现课程内容与职业标准的有效对接
		教学方法	教学资源的建设与有效利用达 85%，能充分运用现代教学技术和互联网技术，教学方法的科学性、合理性和应用的有效性
		基地建设	校内实训氛围的仿真性、实践教学过程与工作过程的对接，校内实训基地每年的利用天数不少于 200 天，校外实习基地每年接受实习学生的数量不低于 500 人
		师资建设	双师素质教师比例达 90%；专任、兼职教师比例达 1∶1；专任教师企业实践经历每两年不低于 2 个月
3	培养质量		对学生意志品质培养和行为能力的锻炼的措施到位，能使学生德、智、体、美、劳全面发展，具有较强创新创业能力和可持续发展能力。 对口就业率 70% 以上，自主创业率 2%，主要就业岗位为出纳、会计、税务、审计等岗位，平均起薪额 2000 元以上。 企业满意度 95% 以上，毕业生社会地位比同类院校高，社会声誉良好

（2）学生学业成绩评价。

大数据与会计专业和大数据与财务管理专业坚持以能力为主线的评价原则，建立多元化、科学化的学生学业评价体系。结合课程的特点，采用课堂提问、实践操作、课堂讨论、单元测验、专业报告、团队作业等多元化考核方式。同时，制定科学合理的考评指标，将过程考核与结果考核相结合、专业考核与能力考核相结合、线上考核与线下考核相结合、校内考核和校外考核相结合，确保学业成绩评价体系的客观与公正。

（3）第三方评价。

大数据与会计专业和大数据与财务管理专业引入第三方评价机制，对历届毕业生开展跟踪调查，通过微信、互联网等平台深入了解用人单位对毕业生的满意度。同时，建立校友走访的常态化工作机制，深入各个省份、地市，召开校友座谈会，征集校友对母校人才培养工作的意见与建议。同时，配合浙江省教育评估院，每年开展高校毕业生职业发展状况和人才培养质量调查工作，全面了解用人单位、毕业生对本专业人才培养质量的满意度，进一步优化专业的人才培养工作。

6. 质量管理

在基本教学秩序管理方面，严格遵守学校、二级学院各项教学管理制度，从专业制定人才培养方案、各课程老师编制教学计划，到具体的课程授课、课程考核、师生评教等，均在学校、二级学院严格监控下进行。在教学质量的过程管理方面，开展期初、期中、期终教学检查，依托学校智能校园和教学质量诊改平台，利用大数据、人工智能等技术手段，构建以专业、课程、教师、学生为对象的大数据管理中心与教学质量监控体系，优化教学质量监控机制。在人才培养质量评价方面，围绕专业课程体系建设、课堂教学方法改革、校内外实习实训基地建设和师资队伍建设等人才培养过程的实施载体，合理构建人才培养质量评价指标体系，强化就业对口率、平均起薪率、就业满意度、毕业生社会地位、社会声誉等量化指标评价。通过定期或不定期地开展对金融机构的问卷调查、走访，召开行业企业用人单位座谈会，与行业协会、专业的第三方评价组织合作开展学生成长跟踪评价、毕业生就业质量、用人单位满意度调研等方式，了解专业学生的就业适应能力与职业发展状况，了解行业、企业、社会对毕业生的评价。在调研基础上，通过专业建设指导委员会、课程建设委员会、行业兼职教师指导等，对调研及跟踪反馈的问题进行科学的分析，完善专业人才培养管理机制，促进专业结构调整和人才培养方案优化。制定质量方针，建立清晰的建设责任制和完备的项目考核奖惩机制；严格质量控制，制定实施相关项目监督机制、责任追究机制及考核机制；及时改进质量，建立项目建设专家顾问团及时给予指导与完善；完善质量服务，采取有效的质量保障措施，通过学生座谈、内部检查及外部巡查等，确保专业质量生成过程中的常态化运行机制，保障专业教学资源的最优化配置。

（1）对学生意志品质培养和行为能力锻炼措施到位，使学生德、智、体、美、劳全面发展，具有较强创新创业能力和可持续发展能力。

（2）对口就业率70%以上，自主创业率2%，主要就业岗位为出纳、会计、税务、审计等岗位，平均起薪额4000元以上。

（3）企业满意度95%以上，毕业生社会地位比同类院校高，社会声誉良好。

第六节 毕业要求

（1）最低毕业学分。

普高生源第一课堂140学分（含公共选修课6学分），第二、第三课堂素质养成10学分。

职高生源第一课堂141学分（含公共选修课6学分），第二、第三课堂素质养成10学分。

（2）在校期间完成专业认知实习、跟岗实习、顶岗实习及毕业设计（创新创业实践），成绩合格，取得相应学分。

（3）应修满6学分及以上的公共选修课程。

（4）应至少取得1项职业技能等级证书（“1+X”试点项目证书）和“初级会计师”专业技术资格证书。

附录

附表一：学生发展核心素养

附表二：学生国际化素养

附表三：实践育人教学安排（大数据与会计专业）

附表一：学生发展核心素养

序号	类别	核心素养	具体要求
1	文化基础	人文底蕴	人文积淀：具有古今中外人文领域基本知识和成果的积累；能理解和掌握人文思想中所蕴含的认识方法和实践方法等； 人文情怀：具有以人为本的意识，尊重、维护人的尊严和价值；能关切人的生存、发展和幸福等； 审美情趣：具有艺术知识、技能与方法的积累；能理解和尊重文化艺术的多样性，具有发现、感知、欣赏、评价美的意识和基本能力；具有健康的审美价值取向；具有艺术表达和创意表现的兴趣和意识，能在生活中拓展和升华等
		科学精神	理性思维：崇尚真知，能理解和掌握基本的科学原理和方法；尊重事实和证据，有实证意识和严谨的求知态度；逻辑清晰，能运用科学的思维方式认识事物、解决问题、指导行为等； 批判质疑：具有问题意识；能独立思考、独立判断；思维缜密，能多角度、辩证地分析问题，作出选择和决定等； 勇于探究：具有好奇心和想象力；能不畏困难，有坚持不懈的探索精神；能大胆尝试，积极寻求有效的问题解决方法等
2	自主发展	学会学习	乐学善学：能正确认识和理解学习的价值，具有积极的学习态度和浓厚的学习兴趣；能养成良好的学习习惯，掌握适合自身的学习方法；能自主学习，具有终身学习的意识和能力等； 勤于反思：具有对自己的学习状态进行审视的意识和习惯，善于总结经验；能够根据不同情境和自身实际，选择或调整学习策略和方法等； 信息意识：能自觉、有效地获取、评估、鉴别、使用信息；具有数字化生存能力，主动适应“互联网＋”等社会信息化发展趋势；具有网络伦理道德与信息安全意识等
		健康生活	珍爱生命：理解生命意义和人生价值；具有安全意识与自我保护能力；掌握适合自身的运动方法和技能，养成健康文明的行为习惯和生活方式等； 健全人格：具有积极的心理品质，自信自爱，坚韧乐观；有自制力，能调节和管理自己的情绪，具有抗挫折能力等； 自我管理：能正确认识与评估自我；依据自身个性和潜质选择适合的发展方向；合理分配和使用时间与精力；具有达成目标的持续行动力等

续表

序号	类别	核心素养	具体要求
3	社会参与	责任担当	社会责任：自尊自律，文明礼貌，诚信友善，宽和待人；孝亲敬长，有感恩之心；热心公益和志愿服务，敬业奉献，具有团队意识和互助精神；能主动作为，履职尽责，对自我和他人负责；能明辨是非，具有规则与法治意识，积极履行公民义务，理性行使公民权利；崇尚自由平等，能维护社会公平正义；热爱并尊重自然，具有绿色生活方式和可持续发展理念及行动等； 国家认同：具有国家意识，了解国情历史，认同国民身份，能自觉捍卫国家主权、尊严和利益；具有文化自信，尊重中华民族的优秀文明成果，能传播弘扬中华优秀传统文化和社会主义先进文化；了解中国共产党的历史和光荣传统，具有热爱党、拥护党的意识和行动；理解、接受并自觉践行社会主义核心价值观，具有中国特色社会主义共同理想，有为实现中华民族伟大复兴中国梦而不懈奋斗的信念和行动； 国际理解：具有全球意识和开放的心态，了解人类文明进程和世界发展动态；能尊重世界多元文化的多样性和差异性，积极参与跨文化交流；关注人类面临的全球性挑战，理解人类命运共同体的内涵与价值等
		实践创新	劳动意识：尊重劳动，具有积极的劳动态度和良好的劳动习惯；具有动手操作能力，掌握一定的劳动技能；在主动参加的家务劳动、生产劳动、公益活动和社会实践中，具有改进和创新劳动方式、提高劳动效率的意识；具有通过诚实合法劳动创造成功生活的意识和行动等； 问题解决：善于发现和提出问题，有解决问题的兴趣和热情；能依据特定情境和具体条件，选择制定合理的解决方案；具有在复杂环境中行动的能力等； 技术运用：理解技术与人类文明的有机联系，具有学习掌握技术的兴趣和意愿；具有工程思维，能将创意和方案转化为有形物品或对已有物品进行改进与优化等

附表二：学生国际化素养

序号	核心素养	具体要求	载体
1	精专业	高职国际化应用人才专业知识更广博、职业技能更精湛，职业道德更高尚。 专业知识：掌握专业学习基础知识，了解该专业领域的国际发展趋势、最新技术突破、产业的国别分布等相关知识。 职业技能：具备精湛的操作技术与技能，学习应对国（境）外相似的工作任务，可以发挥技术示范的作用，有潜力成为企业海外员工的培训师。 职业素质：能够胜任“走出去”要求，爱岗敬业、勇于奉献，具有团队合作意识、责任担当意识，乐观、自信、上进，有多元文化的包容性	项目载体：中国特色高水平高职学校和专业建设计划项目
2	懂外语	高职国际化应用人才应熟英语、会二外。 熟英语：具备专业领域的英语沟通能力，解决生产、工作上的技术交流问题；也要能够利用英语与人进行较深入的交流，可以结交朋友。 会二外：掌握第二外语，可使用目标国母语与企业“走出去”目标国民众进行简单的沟通交流	课程载体：《大学英语》《综合英语》《第二外语》及双语课程等语言类课程。 项目载体： 英语、第二外语等相关第二课堂主题活动； 外语训练营、国际化培训班、学生大使团等个性化人才培养载体
3	融文化	高职国际化应用人才应具备跨文化交际能力。 对中华传统文化及特定国别区域有更多的了解，能够尊重文化多样性，对跨文化学习持开放性态度，从而具备较强的跨文化交际能力，表现出更强的适应性与灵活性，能够运用有效得体的交际行为实现交往目标，推动文化交融	课程载体：《优秀中华传统文化》《跨文化交际》及国别文化系列公选课程等文化类课程。 项目载体： 国际化素养学分评价体系； 国际化素养培育素材库； “国际文化节”“国别沙龙”等系列国别文化主题活动； 学生境外交流访学等活动

附表三：实践育人教学安排（大数据与会计专业）

表 1　　　　校内实践教学安排

项目名称	课程名称	学期	学时	主要内容及要求	实训成果
会计流程演练	基础会计	1	56	主要内容：账务处理流程设计与基本做账。 要求：（1）根据模拟实训业务熟练运用借贷记账法对基本经济业务编制会计分录； （2）根据模拟实训业务正确填制收款凭证、付款凭证和转账凭证，并装订； （3）根据原始资料和已填制的收款、付款和转账凭证，登记日记账、总账、明细账，并进行对账和结账； （4）根据各明细账、总账的期末余额，编制资产负债表和利润表	记账凭证 会计账簿 会计报表
出纳、财产物资、资金结算、薪资、收入费用、总账报表等岗位实训	财务会计	2、3	126	主要内容：办理各岗位相关经济业务，运用借贷记账法完成会计核算工作流程。 要求：（1）正确填制与识别原始凭证； （2）正确运用借贷记账法填制记账凭证； （3）登记各类明细账、总账与日记账； （4）正确登记各类台账； （5）登记编制四表一注	原始凭证 记账凭证 总账、明细账、日记账、会计报表及各类台账
企业盈利能力、营运能力、偿债能力、发展能力分析及综合财务分析	财务分析与业绩评价	5	45	主要内容：财务分析各类指标计算及单项评价。 要求：（1）掌握各指标计算的公式与方法； （2）掌握各单项指标评价的基本思路； （3）掌握评价报告专业语言的描述； （4）掌握财务分析综合评价的方法、体系； （5）掌握财务分析评价报告的撰写	财务分析报告

续表

项目名称	课程名称	学期	学时	主要内容及要求	实训成果
管理会计能力训练	管理会计	4	54	主要内容：财务与成本的综合运用。要求：（1）掌握成本性态分析和变动成本的计算；（2）具备投资决策，财务分析评价的能力；（3）掌握决策与责任会计的内容	管理会计实训报告
财务链管理实训与供应链管理实训	会计信息系统应用	3	72	主要内容：初始建账、初始化数据、期初余额录入、会计凭证处理、账簿处理；用友软件财务与供应链操作应用。要求：（1）掌握总账、薪资、应收应付、报表与固定资产的操作与应用；（2）掌握销售、采购、库存与存货核算的操作与应用	实训报告与电子账套材料
产品成本的归集与分配、期间费用的计算、成本报表的编制	成本核算管理	3	54	主要内容：产品成本计算的方法；期间费用的内容及计算方法；成本报表的编制方法及成本分析。要求：（1）整理各项费用并进行归集和分配；（2）计算完工产品与在产品的成本；（3）根据成本构成和历史发生进行比较；（4）成本分析报告	产品成本计算表 期间费用分配表、成本报表
会计主管岗位训练	业财一体化综合实训	4	54	主要内容包括填制和审核各类原始凭证；编制和审核收、付、转记账凭证；登记各类明细账、日记账；登记总账；编制资产负债表、利润表、现金流量表和所有者权益变动表。要求能达到熟练进行企业经济业务的核算和账务处理的要求	记账凭证 会计账簿 会计报表

续表

项目名称	课程名称	学期	学时	主要内容及要求	实训成果
	中级会计实务	1～2	136	主要内容包括存货、固定资产、投资性房地产、长期股权投资等重要会计科目的确认和计量，以及与之相关的业务核算；非货币性资产交换、资产减值、股份支付、债务重组等特殊会计业务和事项的处理；合并报表的编制；事业单位特殊业务核算和民间非营利组织特定业务的核算	记账凭证 会计账簿 会计报表
各种税费计算	企业纳税实务	2	54	主要内容：流转税的原理与计算方法；所得税的原理与计算方法；其他税费的原理与计算方法。 要求：（1）掌握各种流转税的税额计算方法； （2）掌握企业所得税和个人所得税税额计算方法； （3）掌握其他各项税费税额的计算方法	增值税、消费税、营业税、企业所得税、个人所得税纳税申报表
税收筹划岗位训练	税收筹划	5	45	主要内容包括企业所得税税收筹划、个人所得税税收筹划、流转税税收筹划等	税收筹划方案
预算编制实训	全面预算管理	5	45	主要内容：业务预算、专门预算、财务预算的编制。 要求：（1）编制各项业务预算表； （2）编制专门决策预算表； （3）编制现金预算与会计报表预算	预算报表
筹资管理岗位实训	筹资管理	4	54	主要内容包括筹资渠道与筹资方式选择；资本结构优化；经营风险与财务风险评价；筹资决策分析报告	筹资可行性评价报告
营运管理岗位实训	营运管理	4	54	主要内容包括现金管理、应收账款管理、存货管理、收入管理、成本管理、分配管理	阶段性实训报告
投资管理实训	投资管理	4	54	主要内容包括项目投资、证券投资管理	分阶段实训报告

续表

项目名称	课程名称	学期	学时	主要内容及要求	实训成果
财务共享中心实训	财务共享中心实训	5	30	主要内容包括利用财务共享中心数据进行筹资决策、投资决策、股利分配决策、营运资金管理	分阶段实训报告
中文输入技能训练	中文输入	2	18	主要内容包括中文单字输入；百家姓输入；文章输入。要求能在规定时间内准确输入中文的要求	学院技能证书
点钞技术	点钞与反假货币技术	2	16	主要内容包括单指单张、多指多张的点钞。要求能达到在10分钟内准确地清点规定钞券把数的要求；掌握第四、第五套及各主要外币的防伪特征；掌握假币收缴与鉴定的基本操作规程。要求能达到熟练进行假钞识别的要求	学院技能证书 反假货币上岗资格证书

表2　　校外实践教学安排

项目名称	学期	学时	主要内容及要求	实习成果
明理实践	1	40	通过"千日成长工程"开展系列明理教育活动，人文素质为主体的课程模块，举办明理讲座等。 要求能达到明理实践的绩效考核标准	《千日成长记录》 《明理手册》
认知实习	1~2	40	通过对实际业务单位的参观、访问、调查和参与简单的业务操作实践，了解本专业所面向的职业与岗位的工作性质、工作内容，培养专业兴趣，增强职业意识，为后续专业课程的学习打下感性的认知基础	认知实习报告
创新创业认知	1~2	40	通过掌握创新思维，掌握创业机会的寻找与评估、创业环境分析、创业团队组建、创业融资渠道与方式、创业计划书撰写等相关知识。能根据主客观条件，因地制宜，准确确定创新创业的发展方向、目标、战略以及制定具体实施方案	创业创新认知实习报告

续表

项目名称	学期	学时	主要内容及要求	实习成果
跟岗实习	3～4	90	在初步掌握了本专业一定的专业知识与专业技能的基础上，通过对实际业务单位财务工作的实践，进一步巩固所学的专业知识和专业技能，并对本专业职业工作有更深入的认识与把握，进一步培养职业能力、增加职业兴趣，为毕业实习打下良好的实践经验基础	跟岗实习报告
顶岗实习	4～6	540	在全面掌握本专业知识与技能的基础上，通过长期毕业形式，深入企业财务工作一线，全面熟悉具体工作单位职业岗位业务操作流程、全面锻炼与培养岗位职业技能，培养团队合作精神，增强社会适应性，为就业工作打下坚实基础	毕业综合实践管理平台 毕业实习报告 毕业实习鉴定表
毕业设计	6	90	主要内容包括掌握调查报告类论文的写作方法，会设计调查问卷，会通过文献查阅、数据分析、实地调研等方法获取资料，完成毕业设计开题报告、正文。要求通过毕业设计答辩并通过毕业设计的绩效考核标准	毕业设计全套资料 毕业综合实践系统

表3　　军事训练安排

<table>
<tr><th colspan="2">训练类别与名称</th><th>学期</th><th>学时</th><th>主要内容及要求</th><th>教学目标</th></tr>
<tr><td rowspan="3">共同条令教育与训练</td><td>共同条令教育</td><td>1</td><td rowspan="3">40～56</td><td>《内务条令》《纪律条令》《队列条令》教育</td><td rowspan="3">了解中国人民解放军三大条令的主要内容，掌握队列动作的基本要领，养成良好的军事素养，增强组织纪律观，培养学生令行禁止、奋进、顽强拼搏的过硬作风</td></tr>
<tr><td>分队的队列动作</td><td>1</td><td>集合、离散，整齐、报数，出列、入列，行进、停止，方向变换</td></tr>
<tr><td>现场教学</td><td>1</td><td>走进军营，学唱军营歌曲，走进爱国主义教育基地</td></tr>
<tr><td rowspan="2">射击与战术训练</td><td>轻武器射击</td><td>1</td><td rowspan="2">20～28</td><td>轻武器性能、构造与保养，简易射击学理，武器操作、实弹射击</td><td rowspan="2">了解轻武器的战斗性能，掌握射击动作要领，体验射击；学会单兵战术基础动作，了解战斗班组攻防的基本动作和战术原则，培养学生良好的战斗素养</td></tr>
<tr><td>战术</td><td>1</td><td>单兵战术基础动作、分队战术</td></tr>
</table>

续表

训练类别与名称		学期	学时	主要内容及要求	教学目标
防卫技能与战时防护训练	格斗基础	1	32 ~ 48	格斗常识、格斗基本功、捕俘拳等	了解格斗、防护的基本知识，熟悉卫生、救护基本要领，掌握战场自救互救的技能，提高学生安全防护能力
	战场医疗救护	1		救护基本知识、个人卫生，意外伤的救护、心肺复苏，战场自救互救	
	核生化防护	1		防护基本知识和技能，防护装备使用	
战备基础与应用训练	战备规定	1	20 ~ 36	战备规定主要内容、要求	了解战备规定、紧急集合、徒步行军、野外生存的基本要求、方法和注意事项，学会识图用图、电磁频谱监测的基本技能，培养学生分析判断和应急处置能力，全面提升综合军事素质
	紧急集合	1		紧急集合要领、紧急集合训练	
	行军拉练	1		行军拉练基本要领、方法，徒步行军实践，宿营	
	野外生存	1		识别和采集野生食物，寻找水源和鉴别水质，野炊	
	识图用图	1		地形图基本知识、地图使用训练	
	电磁频谱监测	1		电磁频谱监测基本知识、方法训练	

表 4　　　　　　　　　　社会实践活动安排

活动名称	学期	学时	主要内容及要求	实践成果
学生社团活动	1 ~ 4	8	每个学生在校期间须参加至少一个社团，参加不少于 4 次的社团活动	社团活动记录
青年志愿者活动	1 ~ 4	16	每个学生在校期间每学期须参加至少两次青年志愿者活动，每学年总服务时间不少于 16 学时	志愿者活动记录
寒暑假社会实践活动	1 ~ 4	20	每个学生在校期间至少参加一次寒假社会实践，至少参加一次由学校组织的暑期社会实践且撰写一篇调查报告	实践报告及调查报告
专业调研活动	1 ~ 4	8	每个学生在校期间每学期须参加至少一次专业调研活动，总服务时间不少于 8 个小时	专业调研报告

附表四：实践育人教学安排（大数据与财务管理专业）

表 1　　　　　　　　　　校内实践教学安排

项目名称	课程名称	学期	学时	主要内容及要求	实训成果
会计职业基础能力训练	基础会计	1	40	主要内容包括采购环节的会计核算；生产环节的会计核算；销售环节的会计核算。要求能准确进行企业基本经济业务会计核算和账务处理	会计凭证 会计账簿
会计岗位核算能力训练	财务会计	2～3	45	主要内容包括出纳岗位的会计核算；财产物资岗位的会计核算；往来结算岗位的会计核算；成本核算岗位的会计核算；财务成果岗位的会计核算；资金岗位的会计核算；总账与报表岗位的会计核算。要求能准确进行企业日常经济业务会计核算和账务处理	会计凭证 会计账簿 会计报表
会计信息化岗位训练	会计信息系统应用	3 （1）	54 （48）	主要内容包括电算化建账；电子记账凭证编制；资金日报表形成；记账凭证审核与记账；UFO 报表编制；ERP 系统物流（采购、销售、库存）、生产、财务、计划等主要功能模块的操作，分模块实施。要求能准确进行企业日常经济业务会计核算和账务处理；能熟练操作 ERP 系统模块，并能根据企业信息化实施方法解决企业的实际问题	电算化会计档案 企业 ERP 信息管理档案
税务岗位训练	税收基础	2 （1）	30	主要内容包括计算增值税；计算消费税；计算企业所得税；计算个人所得税等税费。要求能熟练进行企业税费计算	增值税纳税申报表 消费税纳税申报表 企业所得税纳税申报表个人所得税纳税申报表
	税收筹划	3	30	主要内容包括计算和申报增值税；计算和申报消费税；计算和申报企业所得税；计算和申报个人所得税等税费。要求能熟练进行企业税费的计算和申报	

续表

项目名称	课程名称	学期	学时	主要内容及要求	实训成果
财务管理能力训练	财务管理实务	4（2）	30	主要内容包括制定企业筹资方案；制定企业投资方案；制定企业收益分配方案；编制财务预算。要求能熟练进行筹资、投资和分配等财务事项	筹资方案 投资方案 收益分配方案
银行会计核算能力训练	银行会计实务	4	30	主要内容包括办理单位存款业务；办理票据业务；办理支付结算业务。要求能熟练进行银行业会计核算	银行业务单据 银行会计凭证 银行业务账簿
成本核算岗位训练	成本核算与管理	2（3）	30	主要内容包括归集和分配各项生产费用；计算完工产品与在产品的成本；进行成本和费用的账务处理；编制成本分析报告。要求能熟练进行产品成本的计算和编制成本分析报表	费用分配表 产品成本的计算单 记账凭证 成本明细账和总账 成本分析报告
会计主管岗位训练	业财一体化综合实训	5（4）	54	主要内容包括填制和审核各类原始凭证；编制和审核收、付、转记账凭证；登记各类明细账、日记账；登记总账；编制资产负债表、利润表、现金流量表和所有者权益变动表。要求能熟练进行企业经济业务的核算和账务处理	记账凭证 会计账簿 会计报表
	中级会计实务	1～2	100	主要内容包括存货、固定资产、投资性房地产、长期股权投资等重要会计科目的确认和计量，以及与之相关的业务核算；非货币性资产交换、资产减值、股份支付、债务重组等特殊会计业务和事项的处理；合并报表的编制；事业单位特殊业务核算和民间非营利组织特定业务的核算	记账凭证 会计账簿 会计报表
出纳岗位训练	出纳实务	5	30	主要内容包括办理现金收付款业务；办理现金的送存与提取业务；办理支票、汇票、本票收付款业务；办理兑付、委托收款业务；编制现金报告单。要求能熟练办理货币资金业务	记账凭证 现金日记账 银行存款日记账 现金报告单

续表

项目名称	课程名称	学期	学时	主要内容及要求	实训成果
审计岗位训练	审计实务	5	24	主要内容包括拟订审计方案；审计具体报表项目；撰写审计报告。要求能熟练进行年度会计报告审计	审计工作底稿 审计报告
管理会计岗位训练	管理会计	5	30	主要内容包括本量利分析；变动成本和作业成本的计算；成本控制；责任会计；战略成本管理和作业成本管理。要求能了解并基本熟练进行企业管理会计业务处理	本量利分析表 变动成本计算单 作业成本计算单 成本管理报告
财务分析岗位训练	财务大数据分析	4	30	主要内容包括资产负债表分析、利润表分析、现金流量表分析；偿债能力、营运能力、盈利能力、成长能力分析；财务综合评价。要求能熟练进行财务分析并撰写财务分析报告	财务分析报告
电脑传票输入技能训练	电脑传票输入	1	16	主要内容包括大小写数字的输入。要求能在规定时间内准确输入100张传票	学院技能证书
中文输入技能训练	中文输入	2	18	主要内容包括中文单字输入；百家姓输入；文章输入。要求能在规定时间内准确输入中文	学院技能证书
点钞技术训练	点钞技术	1	16	主要内容包括单指单张、多指多张的点钞。要求能达到在10分钟内准确地清点规定钞券把数的要求；掌握第四、第五套及各主要外币的防伪特征；掌握假币收缴与鉴定的基本操作规程。要求能熟练进行假钞识别	学院技能证书 反假货币上岗资格证书

表2　　校外实践教学安排

项目名称	学期	学时	主要内容及要求	实习成果
明理实践	1	40	通过“千日成长工程”开展系列明理教育活动，人文素质为主体的课程模块，举办明理讲座等。 要求能达到明理实践的绩效考核标准	《千日成长记录》 《明理手册》

续表

项目名称	学期	学时	主要内容及要求	实习成果
认知实习	1～2	40	了解实习单位日常经济业务的基本处理程序和账务处理流程。 要求能达到认知实习的绩效考核标准	认知实习报告 专业调查报告 认知实习日志
创新创业认知	1～2	40	对创业企业进行调研，了解创业企业创业流程、企业设立流程、创业机会的寻找与评估、创业环境分析、创业团队组建、创业融资渠道与方式、创业计划书撰写等。 要求能达到创业认知的绩效考核标准	创业计划书 创业认知报告
跟岗实习	3～4	90	了解出纳岗位、资金岗位、往来结算岗位、资产核算岗位、成本核算岗位、财务成果核算岗位、总账稽核和报表岗位、财务管理岗位和纳税申报岗位的业务处理程序和会计核算方法。 要求能达到专业实习的绩效考核标准	跟岗实习报告 跟岗调查报告 跟岗实习日志
顶岗实习	4～6	540	掌握毕业实习岗位的职业知识，熟悉职业岗位业务操作流程，熟练运用岗位职业技能，提升社会实践能力与岗位的适应能力。 要求能达到毕业实习的绩效考核标准	毕业实习考核登记表 毕业实习工作经历证书 毕业综合实践系统
毕业设计	6	90	掌握调查报告类论文的写作方法，会设计调查问卷，会通过文献查阅、数据分析、实地调研等方法获取资料，完成毕业设计开题报告、正文。 要求通过毕业设计答辩并通过毕业设计的绩效考核标准	毕业设计全套资料 毕业综合实践系统

表 3　　　　　　军事训练安排

训练类别与名称		学期	学时	主要内容及要求	教学目标
共同条令教育与训练	共同条令教育	1	40～56	《内务条令》《纪律条令》《队列条令》教育	了解中国人民解放军三大条令的主要内容，掌握队列动作的基本要领，养成良好的军事素养，增强组织纪律观，培养学生令行禁止、奋进、顽强拼搏的过硬作风
	分队的队列动作	1		集合、离散，整齐、报数，出列、入列，行进、停止，方向变换	
	现场教学	1		走进军营，学唱军营歌曲，走进爱国主义教育基地	

续表

训练类别与名称		学期	学时	主要内容及要求	教学目标
射击与战术训练	轻武器射击	1	20～28	轻武器性能、构造与保养，简易射击学理，武器操作、实弹射击	了解轻武器的战斗性能，掌握射击动作要领，进行体会射击；学会单兵战术基础动作，了解战斗班组攻防的基本动作和战术原则，培养学生良好的战斗素养
	战术	1		单兵战术基础动作、分队战术	
防卫技能与战时防护训练	格斗基础	1	32～48	格斗常识、格斗基本功、捕俘拳等	了解格斗、防护的基本知识，熟悉卫生、救护基本要领，掌握战场自救互救的技能，提高学生安全防护能力
	战场医疗救护	1		救护基本知识、个人卫生，意外伤的救护、心肺复苏，战场自救互救	
	核生化防护	1		防护基本知识和技能，防护装备使用	
战备基础与应用训练	战备规定	1	20～36	战备规定主要内容、要求	了解战备规定、紧急集合、徒步行军、野外生存的基本要求、方法和注意事项，学会识图用图、电磁频谱监测的基本技能，培养学生分析判断和应急处置能力，全面提升综合军事素质
	紧急集合	1		紧急集合要领、紧急集合训练	
	行军拉练	1		行军拉练基本要领、方法，徒步行军实践，宿营	
	野外生存	1		识别和采集野生食物，寻找水源和鉴别水质，野炊	
	识图用图	1		地形图基本知识、地图使用训练	
	电磁频谱监测	1		电磁频谱监测基本知识、方法训练	

表 4　　　　社会实践活动安排

活动名称	学期	学时	主要内容及要求	实践成果
学生社团活动	1～4	8	每个学生在校期间须参加至少一个社团，参加不少于 4 次的社团活动	社团活动记录

续表

活动名称	学期	学时	主要内容及要求	实践成果
青年志愿者活动	1~4	8	每个学生在校期间每学期须参加至少一次青年志愿者活动，总服务时间不少于8个小时	志愿者活动记录
寒暑假社会实践活动	1~4	20	每个学生在校期间至少参加一次寒假社会实践，至少参加一次由学校组织的暑期社会实践且撰写一篇调查报告	实践报告及调查报告
专业调研活动	1~4	8	每个学生在校期间每学期须参加至少一次专业调研活动，总服务时间不少于8个小时	专业调研报告

第八章

“1+X”证书制度下高职财会类专业人才培养实践特点

第一节 人才培养目标进一步深化

专业人才培养目标需要根据市场需求特点和环境的变化不断进行优化调整，专业积极主动将“X”证书标准融入人才培养之中，深入研究职业技能等级标准，做好职业技能等级证书内容与专业教学内容的融合，利用好培训评价组织发布的各类教学资源，持续优化试点专业人才培养方案。

近年来，随着财会行业的技术环境发生重大变化，云计算、区块链、大数据、财务机器人等技术手段在会计中的广泛应用以及“1+X”制度的推行，财会类行业人才面临着新的挑战。浙江金融职业学院财会类专业结合新的技术环境和制度环境，不断优化调整人才培养目标，在制定人才培养目标的过程中，充分考虑人才的全面发展，除了强调对学生相关职业技能的培养之外，还注重学生人文素养、职业道德、创新意识等可持续能力的培养。

第二节 创新人才培养模式

人才培养方案制定过程中紧密结合行业企业用人需求变化，定期或不定期地与行业企业进行座谈，将企业引入人才培养方案的制定、校内外培养、教学评价、技能考核中，实现全过程的校企融合。通过深入调研，认真听取并吸收企业专家、教学专家、行业标准专家对于人才培养的建议，积极推动人才培养模式的创新。同时，将第三方评价组织机构引入教学质量监督、技能证书考核认证的过程，在进一步深化校企合作人才培养模式的基础上，实现了社会组织参与的多元协同育人机制，成为实现人才培养目标的创新举措。

第三节 方向性课程满足学生个性化学习需求

根据社会需求和学生学习需求的特点，在专业课程设置过程中遵循服务于人才培养目标及规格，遵循职业能力发展规律，兼顾教学实际情况的要求。通过行业调研，确认专业工作领域，细化工作模块，明确工作任务，根据相关岗位及职业能力要求开设相关课程。同时，根据学生学习需求开设可供学生自由选择的方向课程，以满足不同学生的学习需求。针对“1 + X”技能考核创设了强化模块，既夯实了学生的职业技能，又有利于直接开展社会培训。校企联合开发“1+X”证书模块化课程，加强校企良性互动与有效合作，对照职业技能等级标准优化专业核心课程标准，通过模块化内容设计将“X”证书标准融入专业课程体系。

第四节 产教融合深化人才培养效果

“1+X”制度的推行本身就意味着产教需要深入融合，在方案制定过程中，要不断优化职业教育类型定位，以服务国家发展战略和区域经济社会需求为主要目的。织密产教融合大网络，形成多元化、全方位、深层次和可持续的产教融合校企合作新格局。依托学院职业教育集团，不断激发校企双主体办学活力。校企联建成立了用友产业学院，引企驻校共建实践教学基地，推进学徒制和订单式人才培养，优化高素质技术技能人才培养体系。专业在人才培养过程中始终牢牢把握产教融合这一深度要求，不断构建产教融合产教融合长效机制，本着合作共赢的原则，加强与企业的合作，通过向企业方购买服务、分配校企合作所得各类成果报酬等、发挥科研创新优势、积极参与企业新产品研发等多种形式，让企业看到获取利益最大化的可能性，从而激发企业参与办学的积极性，通过不断完善保障机制和监督管理机制来确保产教融合的可持续推进。

以产业发展需求为导向，以协同育人为目标，强化产教融合“五个对接”质量标准，推进专业与行业产业对接、课程与职业能力对接、教学与生产过程对接、实训基地与工作岗位对接、师资与行业企业对接，打造服务区域主导产业和特色产业的新兴专业群，走出高质量发展新路径；进一步深化学校“行业、校友、集团”共生态办学模式和“六业贯通”协同育人模式，推进产教融合贯穿于教育教学全过程，建设金融产业技术技能人才培养新高地；以培养“数字工匠”为战略导向，引导培养能适应数字化改革与产业全面融合需要的“数字化＋”专业人才，争创“重要窗口”建设先行者；推动产教融合组织创新，建设实体化运行的示范性职教集团，探索集人才培养、生产服务、技术研发、文化传承、科学研究功能于一体的政校企共建产业学院，增强办学活力和人才培养适应性；推动建设产教融合深度发展平台，建设好产教融合联盟、产教融合实践基地、高水平专业化生产性产教融合实训基地，探索“请进来”“走出去”国际合作新模式和新平台。

第五节 多元化评价模式

多元化评价模式采用评价主体多元化、过程考核与结果考核相互结合的评价模式，评价主体包括校内教师、行业导师、组织评价机构、学习者本人等，多元化评价模式有助于让评价结果更加客观，多方参与评价也有助于今后人才培养质量的进一步优化。评价内容注重学生全面发展，包括学生职业能力评价以及德、智、体、美、劳五个方面的综合评价，从更大程度上促进学生全面发展。

参考文献

[1] 谢景伟."1+X"证书制度对职业教育发展取向的价值及其内在要求[J]. 职教论坛，2019（11）：139-143.

[2] 覃川."1+X"证书制度：促进类型教育内涵发展的重要保障[J]. 中国高教研究，2020（1）：104-108.

[3] 刘阳，高树平. 新时代"1+X"证书制度的价值意蕴、理论基础与实现条件[J]. 教育与职业，2019（23）：12-17.

[4] 杨堆元. 职业教育"1+X"证书制度实施的探讨[J]. 职业技术教育，2019，40（29）：14-16.

[5] 程舒通."1+X"证书制度试点工作：诉求、解析与误区的防范[J]. 教育与职业，2019（15）：19-24.

[6] 赵坚，罗尧成. 推进"1+X"证书制度试点工作的若干思考与初步实践[J]. 中国职业技术教育，2019（27）：5-8.

[7] 李虔，卢威，尹兴敬."1+X"证书制度：进展、问题与对策[J]. 国家教育行政学院学报，2019（12）：18-25.

[8] 黄娥."1+X"证书制度体系构建的困境与出路——基于利益相关者视角[J]. 成人教育，2020，40（4）：42-49.

[9] 颜丽红，张力，尹海涛. 新西兰和澳大利亚资历框架的比较与启示[J]. 教育评论，2017（7）：151-154.

[10] 郭宏伟. 丹麦国家资格框架体系研究 [D]. 天津大学硕士学位论文, 2018.

[11] 雷舰. 基于"1+X"证书制度的财会类专业书证融通实施策略——以浙江金融职业学院财务管理专业为例 [J]. 天津职业大学学报, 2021 (1): 35-40.

[12] 雷舰. 新技术新制度环境下高职财会类专业课程改革路径探析 [J]. 商业会计, 2021 (5): 127-129.

[13] 宋迎春, 段向云, 吕秋慧."1+X"证书制度实施的现实困境与突破策略 [J]. 职教论坛, 2021 (12): 32-39.

[14] 雷舰."1+X"证书制度下职业院校教师能力现状及提升路径 [J]. 职业, 2021 (16): 43-45.

[15] 林溪. 基于"1+X"证书制度的高职院校增值评价体系 [J]. 2022 (1): 29-35.

[16] 张培, 夏海鹰. 我国职教"1+X"证书制度的理论阐释、逻辑框架与推进路向 [J]. 清华大学教育研究, 2022 (2): 78-86.

[17] 孔德兰, 李娇阳. 高职院校"1+X"证书制度试点内部治理: 内涵、问题与实践路径 [J]. 职教论坛, 2021 (9): 139-146.

[18] 王维思. 英国高等学徒制人才培养模式研究 [D]. 沈阳师范大学硕士学位论文, 2017.

[19] 谢丽萍. 德国"双元制"人才培养模式对我国高职教育的启示 [D]. 华北理工大学硕士学位论文, 2018.

[20] 董甜园. 英国现代学徒制的发展路径与保障机制研究 [D]. 西南大学硕士学位论文, 2018.

[21] 纪夏南，澳大利亚 TAFE 学院办学模式．研究及对我国高职教育的启示 [D]. 江西科技师范大学硕士学位论文，2014.

[22] 孙翠香，林静．美国高等职业教育：现状、特点与启示 [J]. 职业技术教育，2015 (16)：73－78.

[23] 任睿文，徐涵．高等职业教育国际化策略：新加坡的经验与启示 [J]. 成人教育，2022 (2)：88－93.

[24] 张更庆，王萌．“1＋X” 证书制度下 “三教” 改革：意蕴、困境与突破 [J]. 成人教育，2022 (1)：80－86.

[25] 李英英．美国、澳大利亚、德国高等职业教育的启示 [D]. 华中农业大学硕士学位论文，2011.

[26] 安艳．美国高等职业教育模式及启示 [D]. 河北大学硕士学位论文，2010.

[27] 刘惠娟，宋新硕，邓华．“1＋X” 证书制度下高职院校教师队伍建设研究 [J]. 教育与职业，2022 (5)：78－83.

[28] Mohammad Yusoof, “Designing Vocational Education (Vocational skill) Program”, Ejovoc (Electronic Journal of Vocational Colleges), 2013 (2): 13－18.

[29] Iqbal M. KHAN, “Vocational Education and Zakat: The Case Study of Punjab Vocational Training Council”, Yükseköğretim ve Bilim Dergisi, 2014, 4 (2): 112－123.